Paulo Foina

Gestão Transformadora de Empresas

para o novo mundo que se abre

EDITORA CIÊNCIA MODERNA

Editor: Paulo André P. Marques

Produção Editorial: Dilene Sandes Pessanha

Capa: Daniel Jara de Paula

Diagramação: Daniel Jara de Paula

Copidesque: Equipe Ciência Moderna

FICHA CATALOGRÁFICA

FOINA, Paulo Rogério.

Gestão Transformadora de Empresas - para o novo mundo que se abre

Rio de Janeiro: Editora Ciência Moderna Ltda., 2022.

1. Administração de empresas 2. Gestão estratégica
I — Título

ISBN: 978-65-5842-197-9 CDD 658.4012

Editora Ciência Moderna Ltda.
R. Alice Figueiredo, 46 – Riachuelo
Rio de Janeiro, RJ – Brasil CEP: 20.950-150
Tel: (21) 2201-6662/ Fax: (21) 2201-6896
E-MAIL: LCM@LCM.COM.BR
WWW.LCM.COM.BR **08/22**

Agradeço aos meus amigos Fabiano Mariath, Eduardo Fayet e Maurício Lyra pelas ideias e incentivos. Agradeço também ao meu colega empresário Frederico Branquinho Teixeira pelas críticas e sugestões no texto final.

Aos meus netos, Otto, Olivia e Hugo,
que nasceram no florescer de um novo
mundo de oportunidades e desafios

Lista de Figuras

Apresentação

As empresas estão, cada vez mais, dependentes de tecnologia da mesma forma que são dependentes de energia e outros recursos básicos. Imagine sua empresa sem Internet por um dia! Provavelmente não haverá o que fazer e boa parte dos colaboradores será dispensada![1] Para as empresas que pretendem sobreviver a este século, a tecnologia não deve ser só operacional, mas, principalmente, estratégica, pois deve ajudar a criar diferenciais competitivos.

A recente epidemia de Covid-19 mudou a forma como as empresas trabalham e como realizam seus negócios. Se havia alguma restrição quanto ao uso de home office ou do e-commerce, ela foi abandonada por força das restrições impostas às empresas. Um novo mundo surgiu e as empresas precisam se adaptar a ele. E com urgência!

As empresas que estão fadadas a desaparecem nos próximos anos são aquelas que encaram os gastos com tecnologia apenas como custos, ou despesas, e não como investimentos estratégicos. Para essas empresas, a tecnologia, principalmente a Tecnologia de Informação e Comunicação (TIC), é um fator limitador ou uma constante criadora de problemas. Parte da culpa por essa pouca relevância da tecnologia, nessas empresas, é dos seus próprios gestores de tecnologias, que não estão preparados para assumirem um papel estratégico e, assim, preferem manter a sua atuação no nível operacional. A gestão de tecnologia está cada vez mais complexa e exigindo, dos seus profissionais, competências que, em geral, não foram desenvolvidas em seus cursos de graduação e de especialização.

Estamos investindo no desenvolvimento da gestão de tecnologia através das várias edições (sempre ampliadas) do livro "Tecnologia da Informação: planejamento e

[1] No final de março de 2018, o cabo submarino ACE, de comunicação de dados, que sai da França e vai até a África do Sul, sofreu um rompimento que afetou a conexão em cerca de 10 países. A Mauritânia ficou 48 horas sem Internet, o que afetou todos os voos, operações financeiras, serviços públicos etc. Praticamente, o país parou!

gestão"[2], desde 2003, quando da sua primeira edição. Desde daquele ano, muita coisa mudou na tecnologia e na gestão das empresas. O mundo está, mais do que nunca, passando por uma transformação digital maior que as anteriores e que trará grandes impactos nas empresas. Temo afirmar que as empresas que não se transformarem para essa nova realidade estão fadadas a desaparecer em pouco tempo, pois serão solapadas por concorrentes mais agressivos ou pela obsolescência dos seus produtos e serviços.

Boa leitura a todos.

Paulo R. Foina

[2] Foina,P.R., Tecnologia da Informação: planejamento e gestão, Ed.Atlas, 3ª edição, 2013

Capítulo 1

Admirável século novo

Acompanhar as tendências é uma obrigação em alguns mercados, como o de moda, mas também é seguida pelas empresas antenadas com as transformações do século XXI. Uma empresa que acompanha as tendências mundiais tem de quatro a oito vezes mais chance de ter sucesso do que as que resistem às mudanças. Todavia, num mundo com tantas, e tão rápidas, mudanças fica difícil identificar quais serão permanentes e quais serão passageiras.

A tecnologia tem trazido benefícios inegáveis: vivemos mais, e melhor, que nos séculos anteriores; temos mais conforto e educação do que nunca; fazemos mais coisas ao mesmo tempo. O mesmo acontece com as empresas.

A forma tradicional de fazer negócio, que se consolidou depois da Segunda Guerra Mundial e atingiu seu ápice no final do século passado, está se confrontando com uma nova realidade de negócios. Startups, sustentabilidade, engajamento social, organogramas planos e outras mudanças estão batendo à porta das grandes corporações e também dos governos. Os gestores precisam repensar em que mercado irão atuar, com que produtos/serviços e com que estratégia de negócio.

O Zen e a arte de gestão moderna

Com o que as empresas modernas devem se preocupar? Em adotar novas tecnologias para reduzir custos; em serem ágeis para aproveitar as oportunidades do mercado; em entenderem os desejos dos clientes, mesmo que eles não os declarem? Em tudo isso! Enfim, precisam se adequar a um novo modelo operacional. Trata-se de um modelo de organização que combina tecnologias digitais, gestão flexível, produção integrada e proximidade com o mercado para gerar novas experiências aos clientes e, assim, aumentar receitas e reduzir custos.

Figura 1: Cinco recursos usados pelas empresas modernas

O tempo dos silos isolados (diretorias) dentro das empresas acabou. Todos os setores precisam agir de forma coordenada, a favor da experiência do cliente e da agregação de valor ao produto final. As empresas de futuro, na nova ordem comercial, são aquelas que entendem a jornada do cliente, (desde a eclosão da vontade de comprar seu produto até a pós-venda), são flexíveis, enxutas e pro-ativas para se adequarem a novas demandas. Cada ponto de contato do cliente com a empresa deve ser tratado como uma oportunidade de inovar, aumentar as vendas e fidelizar o cliente.

Para fazer diferença na vida dos seus clientes, as empresas modernas usam cinco recursos principais[1] (mostrados na Figura 1):

- **Digitização**: É a adoção de tecnologias digitais para incrementar a jornada do cliente na empresa, principalmente através de smartphones, ou outros dispositivos móveis e pessoais. É usada também para integrar os dados da empresa com os dados dos fornecedores e dos clientes, reduzindo tempos

[1] Bollard, A., Larrea, E., Silga, A., Sood, R., The next-generation operating model for the digital world, McKinsey Digital, abril 2017

e estoques intermediários. Esse recurso tem a capacidade de transformar a experiência dos usuários em algo inesquecível, pois permite que os clientes se sirvam dos serviços das empresas e executem suas transações, quando e onde quiserem. Essa liberdade do cliente é a grande novidade da nova forma de fazer negócios.

- **Análise Avançada**: O processamento de grandes dados, sobre os hábitos de consumo dos clientes, permite descobrir tendências, fazer recomendações de compras e até antecipar tendências do mercado. O tratamento estatístico de dados de consumo pode melhorar a experiência do usuário, ao mesmo tempo em que municia a empresa com ferramentas para detecção de fraude, previsão de demandas e precificação adequada às expectativas dos seus clientes.

- **Automação Inteligente de Processos**: A tecnologia que emerge da combinação do Aprendizado de Máquina com Robótica permite um redesenho dos processos operacionais a um nível muito mais profundo do que foi visto até hoje. Essa tecnologia pode assumir tarefas de alto nível, por exemplo, rastrear o status do processo de ponta a ponta em tempo real, gerenciar projetos entre diferentes equipes e fornecer dados estatísticos sobre pontos de congestionamento na produção.

  O aprendizado de máquina pode fazer previsões, por conta própria, com base no consumo dos insumos (informações) e fornecer dados para tomada de decisão. Pode ainda combinar aprendizado de máquina com o tratamento de linguagem natural para construir uma força de trabalho virtual, capaz de executar tarefas que envolvam a interação com seres humanos (atendimento de call center, suporte aos usuários, apoio aos procedimentos cirúrgicos, por exemplo).

- **Terceirização de Processos de Negócios**: Transferir parte dos processos de negócios para outras empresas especializadas, com o objetivo de reduzir custos, melhorar a qualidade e simplificar a operação, é um dos recursos adotados pelas empresas para enfrentarem o novo século.

  A terceirização de processos de negócios é tradicionalmente adotada para processos que não interagem diretamente com o cliente, por exemplo, o processamento eletrônico de documentos (GED), a segurança patrimonial, a alimentação aos colaboradores etc. Neste novo século, essa prática está alcançando outros setores, até então, considerados estratégicos (por exemplo, logística e distribuição, TIC, gestão de pessoas etc.).

- **Metodologia Lean**: O redesenho de um processo, conforme a metodologia Lean, ajuda a simplificá-lo, eliminar desperdícios e promover uma cultura de melhoria contínua. Esta metodologia pode ser aplicada a todos os processos de uma organização, e se concentra em eliminar as atividades que não agreguem valor (na visão de cliente) ao produto final da empresa.

A nova empresa, que nasce dessas mudanças, precisa de novos gestores e novos operários. Com o elevado grau de automação, a produção será, em boa parte, feita por robôs, o atendimento ao cliente, por *chatbots* e sistemas de linguagem naturais, as vendas, por e-commerce e os dados para decisões serão gerados por sistemas inteligentes. Os trabalhos manuais de baixa complexidade são terceirizados para empresas especializadas.

Essas novas empresas quase não têm operários e, os poucos que têm, são altamente qualificados. Eles não precisam de supervisão e gerenciamento, assim, essas empresas podem ter organograma mais plano com praticamente nenhum nível intermediário entre a produção e a alta direção. A alta direção deve focar mais na estratégia e menos nos controles (isso será feito por sistemas inteligentes), assim como os operários precisam ser mais comprometidos com os resultados da organização. Os cursos superiores precisam atualizar seus currículos para preparam esses profissionais, com as novas habilidades e perfis exigidos pelas empresas modernas.

Empresa como um organismo vivo

As organizações se comportam como organismos vivos. Elas querem viver, crescer, reproduzir e viver em sociedade. Elas precisam ser resilientes para se adaptarem às mudanças ou serão extintas.

A resiliência das empresas está tanto na forma como se organizam (estrutura e processos) como na forma como são geridas (hierarquia de comando). Empresas tradicionais, e consolidadas nos seus mercados, são, normalmente, pouco resilientes, pois apresentam estruturas organizacionais fortemente hierarquizadas, rígidos processos de produção com abundantes mecanismos de controle. Qualquer mudança nesses processos será questionada com sendo um risco de "perder o controle" da empresa e abrir oportunidades para fraudes e roubos. Elas são também pouco resilientes no seu estilo de gestão, normalmente centralizador e controlador, afinal, para essas empresas, os colaboradores são incompetentes e precisam de supervisão constante para evitar que façam algo errado!

Para sobreviver e crescer, essas empresas desenvolvem muitos processos de controle, buscam gestores autoritários, experientes nas suas áreas de atuação, e contratam colaboradores pouco capacitados e com pouca iniciativa. Em momentos de estabilidade econômica, mercados consolidados e monopolizados, essas organizações rígidas prosperam (pelo menos aparentemente). Em situações de turbulência econômica, ou política, ou sob avanços tecnológicos relevantes, elas são as primeiras a sucumbirem.

As empresas preparadas para enfrentarem com sucesso o século XXI devem ter mais resiliência que as tradicionais. Devem possuir organogramas mais planos e com processos fracamente definidos, dando mais liberdade para o colaborador fazer algo diferente. O estilo de gestão deve ser colaborativo, com uma estrutura hierárquica fracamente definida, em que os colaboradores possam tomar decisões relevantes sem prévia anuência dos diretores.

O crescimento das empresas prontas para o próximo século ocorre com a geração de novos produtos, serviços, mercados e modelos de negócio sem, necessariamente, crescerem em estrutura e número de colaboradores. Terceirizam tudo o que não agregue valor aos seus clientes e concentram suas energias na descoberta de novas formas de encantá-los. Assim, se reinventando sempre, elas sobrevivem às mudanças de mercados, às crises econômicas e às novas tecnologias.

História das revoluções

A saga humana pelo aumento de produtividade vem desde os tempos primitivos. A fixação da sociedade em uma área delimitada, o crescimento da população e as disputas pelos recursos naturais, exigiram da humanidade a busca da eficiência e do aumento de produção. A primeira grande revolução, na saga humana, foi o advento da agricultura. Ela fixou o homem a terra (até então, éramos nômades em busca de comida e campos de caça) e permitiu a produção planejada de alimentos e seu armazenamento para os períodos de inverno.

A partir do nascimento das primeiras fazendas, dos pequenos agrupamentos de pessoas e da disputa pelos recursos naturais, nasceram os reinos, com seus castelos e cidades muradas. As aldeias, dentro dos muros protegidos dos castelos, exigiam produtos e serviços especializados fornecidos por artesãos. Eram ferreiros, tecelões, pedreiros, seleiros, padeiros, oleiros e outros profissionais, que produziam os insumos e instrumentos que a pequena cidadela precisava. Nascia aí a produção artesanal.

O crescimento das aldeias e a redução das guerras entre elas permitiram a formação de cidades maiores, que se espalharam para além dos muros dos castelos. Essas cidades exigiam mais produção e seus artesãos precisavam de maior produtividade. Dessa pressão de demanda, nasciam os teares mecânicos e outras máquinas manuais que exigiam locais mais apropriados para a produção. Surgiam as primeiras fábricas.

No final dos anos 1780, as máquinas a vapor tornaram as fábricas muito mais produtivas e eficientes. Acontecia a Primeira Revolução Industrial. Houve resistência dos operários contra o desemprego provocado pela mecanização, mas, mesmo assim, a mecanização avançou por todo o século XVIII e parte do século XIX.

A segunda Revolução Industrial, por volta de 1870, ocorre com a introdução da eletricidade em substituição do vapor. Os motores elétricos são mais fortes, seguros, silenciosos e menores que as máquinas anteriores. Permitem ainda um controle mais versátil e uma operação mais simples.

Em meados do século XX (por volta de 1965), os computadores invadem as fábricas, colocando mais controle e começando o processo de automação. Começa, então, a Terceira Revolução Industrial. Com máquinas de controle numérico e outros recursos de automação, as fábricas puderam produzir muito mais, com maior variedade e a um custo menor. Os indicadores de produção e as metas de desempenho se consolidam na esteira dessa revolução.

Finalmente, assistimos, a partir dos anos 2010, ao que se convencionou chamar de a Quarta Revolução Industrial (ou Indústria 4.0). Suas principais características são (não necessariamente todas estão presentes nas indústrias modernas):

- Uso de sensores, em todas as etapas da produção, para controle e coleta de dados, visando à otimização e redução de desperdícios;

- Uso de impressoras 3D para produzir peças complexas, através da deposição de material (manufatura aditiva), e não mais pelo desbaste do mesmo;

- Uso intensivo de robôs e automação da produção, com significativa redução de mão de obra humana;

- Comunicação máquina-a-máquina e produto-a-máquina, com capacidade de troca de informação sobre processos e produtos (também chamada de Internet das Coisas – IoT – *Internet of Things*), reduzindo, assim, a necessidade de um sistema central de controle;

- Por fim, e mais recentemente, a introdução de sistemas de gestão inteligentes e baseados em Aprendizagem de Máquinas que controlam e orientam, autonomamente, o ritmo da produção.

Ao mesmo tempo, surgem pequenas e ágeis empresas inovadoras, com altíssimo grau de eficiência e produção escalável, chamadas de startups. Nascem em ambientes onde a inovação e o debate de ideias acontecem livremente e onde a possibilidade de errar não é um fantasma, ao contrário, é incentivada desde que se detecte rapidamente e se aprenda com ele (seguem o mantra de "*fail fast, learn fast*").

Figura 2: Fatores fundamentais para as organizações.
Fonte: Morgan, J., em thefutureorganization.com

A tecnologia está mudando a forma com que as empresas atuam e fazem negócios. Impressoras 3D e Internet das Coisas mudam a forma como as fábricas produzem. Inteligência Artificial e Big Data mudam a forma de gerenciar empresas. Redes sociais, e-commerce e chatbots mudam a forma de vender e de interagir com clientes. Os produtos físicos estão se tornando virtuais e a necessidade de possuir coisas está sendo substituída pela necessidade de usar (e não ter) bens e serviços (digitização dos produtos e dos negócios).

É fácil ver como o *ranking* das empresas mudou significativamente em dez anos. Surgiram novas marcas e sumiram outras. As que melhor se posicionam no mercado são as que já nasceram digitais ou se adaptaram rapidamente às novas formas de fazer negócio.

O sucesso das empresas no século XXI é decorrência de uma mudança de postura corporativa, na qual novos fatores passam a ditar o comportamento organizacional, como mostrado na Figura 2. São eles:

- Ter a **agilidade** de uma empresa pequena – Crescer os negócios, mas sem perder as características de uma empresa pequena (coragem para inovar, flexibilidade nas negociações, velocidade de reação e simplicidade operacional);

- Estar presente **em todo o mundo**, mas com filiais pequenas – Sempre pensar em termos globais e colocar seus produtos/serviços no mundo todo, dando preferência para representantes e filiais pequenas, ágeis e adaptadas a cada mercado;

- Ter um **propósito** social bem definido – A sociedade exige que as empresas tenham um propósito maior do que apenas gerar lucro e empregos. É preciso trazer algum bem para a sociedade;

- Manter uma **estrutura organizacional** mais plana – Poucos níveis hierárquicos significam agilidade e flexibilidade, fatores fundamentais para se adaptar num mundo globalizado;

- Ter a capacidade de **adaptar-se** rapidamente às mudanças – Ajustar seus produtos/serviços, processos e modelos de negócios às exigências do mercado, que mudam rapidamente;

- **Ajustar-se** aos seus colaboradores e parceiros – Entende que uma organização é feita por pessoas que lhe dão personalidade e, assim, deve ajustar a organização aos seus colaboradores e parceiros de negócio;

- Buscar a **prosperidade** da sua comunidade antes de buscar o lucro – Lucro deve ser sempre decorrente de uma atuação competente da organização e comprometida com o desenvolvimento socioeconômico da comunidade onde está inserida.

- Manter uma postura de busca permanente de **inovação** – Inovar é a mola propulsora do desenvolvimento dos negócios;

- Democratizar o **conhecimento** – O conhecimento distribuído se multiplica e cria novos conhecimentos, novos produtos/serviços e novos negócios.

Transformação digital das empresas

Transformação Digital é mais do que uma tendência, é uma obrigação das empresas para atuarem no século XXI. A forma de fazer negócios, vigente até o final do século passado, já não é mais tão aceita pelos clientes e, se a empresa não se transformar, perderá clientes para seus concorrentes mais atualizados[2]. Mas, Transformação Digital é muito mais que aplicativos de celular, uso de processamento nas nuvens (*cloud computing*) ou digitalização de documentos. Ela implica no redesenho dos processos operacionais da empresa (redesenho este com foco no cliente) e na construção de uma cultura digital focada em:

- Otimizar os processos operacionais e colocá-los online;
- Adotar a gestão baseada em dados;
- Melhorar a experiência do cliente na interação com a empresa (jornada do cliente);
- Criar novas formas de comercializar e entregar seus produtos e serviços.

Otimizar os processos operacionais, tradicionalmente off-line, e colocá-los online significa ganhar proximidade com os clientes e colaboradores, além de lhes dar a oportunidade de desenvolver uma experiência de interação mais moderna, atemporal e rápida. Colocar a agenda de atendimento online e permitir que o cliente possa marcar sua reunião ou consulta; permitir que o cliente faça seu próprio orçamento sem necessitar falar com vendedores; fazer os ajustes nos pedidos até conseguir uma proposta que lhe seja interessante etc. são algumas das possibilidades de interação online.

Antes de colocar um processo online é fundamental que ele seja otimizado e enxugado das etapas burocráticas e de controle, que lhe foram adicionadas no decorrer do tempo. O processo deve focar naquilo que é importante e que tenha valor para o cliente. Tudo mais, que não agregue valor ao cliente, deve ser expurgado ou muito bem justificado.

Nessa tarefa de otimizar processos, todos eles e não só os que interagem com os clientes, a empresa precisa priorizar a transparência. Na medida do possível, deve implantar ferramentas de workflow para que o processo demande a atenção do colaborador, e não esperar que ele entre num sistema e, só então, descubra que deveria ter tomado alguma atitude no passado. Deve ainda implantar ferramentas que permitam o trabalho colaborativo e recursos de comunicação rápida para o

[2] Atluri, V.,Dietz, M., Henke, N., Competing in a world of sectors without borders, McKinsey Quarterly, julho 2017,

compartilhamento de conhecimento.

A transformação digital, para ser efetiva, precisa ser ampla e passa por:

- Adotar um modelo de **gestão baseado em dados**, e não em ideias preconcebidas ou intuições dos gestores;
- Simplificar a estrutura organizacional para dar **agilidade** e eficiência às decisões da empresa (valem as máximas: "*Fail fast lean fast*", "*Time is money*" etc.);
- Melhorar (enriquecer) a **experiência do usuário** nas interações com a empresa (pesquisas, consultas, encomendas, compras, pagamento, recebimento, resolução de dúvidas, devolução, pós-venda etc.);
- **Ouvir** constantemente seus clientes para descobrir o que eles consideram importante;
- Modificar (para simplificar) os **processos** de produção, pré-venda, venda, entrega e pós-venda;
- Converter o produto (ou parte dele) em **serviço**;

A Transformação Digital é necessária e deve ser implantada na empresa, mas ela pode exigir tecnologia sobre a qual não temos domínio na organização. O que fazer? Busque ajuda! Não espere que nessa nova era as empresas façam internamente tudo que precisam. Terceirize e contrate consultorias para as tarefas não críticas do seu negócio. Serão necessários conhecimentos e habilidades em rede de computadores, banco de dados, estatística, computação nas nuvens, arquitetura baseada em serviços, arquitetura da informação, design de interface com usuários, desenvolvimento de aplicativos para celular etc. A menos que sua empresa seja uma gigante na área de tecnologia, recomendamos fortemente que contrate empresas especializadas nessas soluções e nas que ainda vão surgir.

A contratação de consultorias especializadas permite que a empresa continue focada no seu negócio e não desloque energias para projetos temporários. Além disso, a empresa pode contar com análises especializadas sobre como melhorar seu desempenho, adaptando práticas vitoriosas de outras organizações.

Por falar em tecnologias que viabilizam a transformação digital, algumas são particularmente sensíveis e merecem a atenção dos gestores.

- A primeira delas é a **computação nas nuvens** (*Cloud Computing*). A principal característica da computação nas nuvens é o compartilhamento de recursos computacionais, obtendo, assim, o máximo de uso dos equipamentos. Ao optar pela computação nas nuvens, estamos trocando a opção de "ter" os computadores para "usar" apenas o que precisamos para realizar as tarefas da empresa.

- Outra tecnologia importante são as **mídias digitais**. Elas permitem a troca de informações entre clientes sobre os produtos das empresas, mas, ao mesmo tempo, permitem às empresas envolver seus clientes no processo de criação e de melhorias dos produtos e serviços.

- A terceira tecnologia sensível para a transformação digital são os **aplicativos de mobilidade**. A nova realidade de negócios pressiona para que possamos fazer qualquer coisa, em qualquer lugar, e a qualquer tempo. Para serem competitivas, as empresas precisam disponibilizar acesso permanente, via aplicativos, para seus serviços e produtos.

- A última das tecnologias é o **Big Data**. A quantidade de informações cresce exponencialmente e esconde detalhes sobre clientes e seus hábitos de consumo. O Big Data, que conjuga banco de dados de grande capacidade com ferramentas de probabilidade e estatística, é a grande ferramenta das empresas modernas, pois permite a tomada de decisão com mais segurança e maior possibilidade de sucesso. Quando combinamos essas duas tecnologias (banco de dados e estatística) com **Inteligência Artificial**, as possibilidades atingem níveis fabulosos.

Por mais tecnologias que uma empresa possua, não há garantia de que ela aproveitará as vantagens da transformação digital. Nada disso será suficiente, se os líderes da empresa não estiverem conscientes da sua importância nessa nova realidade de negócios. Cabem a eles engajar os demais colaboradores de que a forma com que a empresa faz negócios precisa mudar, romper com a inércia das operações atuais. O líder da empresa deve ser uma espécie de farol para toda a organização, mostrando a direção a seguir e estando pronto para ajudar em cada dificuldade encontrada (e serão muitas). A transformação digital, para ter sucesso, precisa ser um esforço de toda a organização. Deve ser a combinação dos esforços na melhoria contínua da experiência do cliente e nas suas interações com a organização.

Enveredar por novos caminhos, não trilhados antes, tem seus riscos e a organização deve estar pronta para errar. Errar e aprender rápido (*fail fast, lean fast*). O clima interno deve dar segurança aos colaboradores para tentarem, e errarem, sem temerem por punições ou demissões. Cada erro é uma oportunidade de aprender como não fazer[3]. Os líderes e toda a organização que pretende ser digital precisam se desvencilhar do modelo gerencial baseado na previsibilidade dos fatos e prepararem-se para entrar num mundo de incertezas. Só erra quem tenta algo novo, e errar tentando não implica em punições, mas, sim, em aprendizado. É fundamental que a alta direção garanta um ambiente seguro aos colaboradores para experimentarem e, possivelmente, errarem. Só assim é possível construir uma organização que combine criatividade, agilidade e inovação.

Temos clientes eternamente insatisfeitos, ou, nas palavras de Jeff Bezos, "*Os clientes são sempre lindamente, maravilhosamente, insatisfeitos. Mesmo quando se dizem satisfeitos e os negócios estão indo bem, eles querem algo significativamente melhor*"[4]. Não aceitam mais a oferta mediana de produtos e serviços. Precisamos oferecer-lhes uma experiência incrível. Por menos que isso, ele procurará alternativas, os concorrentes. Para descobrir os desejos de consumo mais escondidos do cliente, é necessária muita análise de seus dados de consumo. Não basta ter as ferramentas de análise, é preciso postura de análise, precisão e foco no que se está buscando. É importante estar atento às necessidades manifestadas pelos clientes, descobertas a partir da análise minuciosa dos seus dados de consumo. Não há mais espaço para amadorismo, "achismo", em termos de decisão. Todas as decisões precisam estar lastreadas por dados confiáveis e disponibilizados no tempo certo.

Um grande erro, cometido por boa parte das empresas que diz usar dados para a tomada e decisão, é considerar que está realizando um bom trabalho de análise, quando não está aproveitando todas as potencialidades desses dados. Imersas numa quantidade enorme de informações, elas perdem o foco das necessidades reais dos seus clientes. Algumas vezes, não acatando os fatos como reais, para as tomadas de decisão, fazem uma leitura viciada dos dados, que acaba apenas por confirmar ideias de negócio preeestabelecidas.

---

[3] Nas palavras de Thomas Edson "De fato, não fracassei ao tentar, cerca de 10.000 vezes, desenvolver um acumulador. Simplesmente, encontrei 10.000 maneiras que não funcionam"

[4] Bezos, J., Carta aos acionistas da Amazon, 12 de abril de 2016

As empresas que são guiadas por dados – também chamadas de "*data driven enterprise*" - conquistam o consumidor e ganham novos mercados. Ser uma empresa guiada por dados não é possuir todas as tecnologias modernas de coleta e tratamento de dados, mas, sim, conseguir identificar os dados corretos e usá-los para criar soluções para melhorar seus negócios. Os desafios corretos aparecem na observação dos fatos, sua análise, geração de hipótese e experimentação, até fazer uma descoberta relevante para os negócios.

Para aproveitar o potencial dos dados, a organização deve focar no que é valor para seu cliente e analisar os dados relativos a isso. A partir daí a organização pode experimentar soluções inovadoras e, eventualmente, errar, até acertar. Repetindo esse ciclo, haverá um momento de descoberta relevante que colocará sua organização em posição de vantagem em relação à concorrência.

Uma caraterística da experimentação constante na organização é a quantidade de casos que dão errado. Mas para tentar, e errar, os colaboradores precisam se sentir confiantes de que não serão punidos. As empresas devem estabelecer um ambiente de trabalho que estimule as pessoas a se sentirem confortáveis, para propor ideias diferentes, gerar hipóteses e arriscar novos processos de trabalho. No ambiente digital, onde errar faz parte do ciclo de testar e aprender até acertar, isso é imprescindível.

O papel da liderança na transformação digital de suas empresas é primordial. Cabe a ela iniciar o processo e manter suas equipes engajadas, e motivadas, nessa mudança cultural que não é simples e nem indolor. O próprio líder precisa de muito autoconhecimento e autocrítica para reconhecer quando está mais atrapalhando do que ajudando nesse processo, e daí buscar ajuda, seja interna ou externa à organização.

A trajetória para a transformação digital de uma organização não está previamente definida em manuais. Cada organização precisa descobrir (com erros e acertos) o que deve fazer para atingir esse objetivo. Já aprendemos com outras organizações, algumas coisas que podem prejudicar, ou até destruir, esse processo. São elas[5]:

---

[5] Bughin, J., Catlin, T., Hirt, M., Willmott, P., Why digital strategies fail, McKinsky Quartes, janeiro de 2018

- **Falta de clareza sobre o que é Transformação Digital**: Alguns executivos acham que Transformação Digital é coisa da equipe de TI. Outros acham que é uma nova forma de fazer marketing via redes sociais. Poucos conseguem entender a amplitude do conceito, que considera integrar pessoas, dispositivos e objetos físicos em qualquer lugar e a qualquer hora. Teremos bilhões de dispositivos integrados, gerando 90% dos dados que circulam pela Internet.

- **Não liderar de fato**: A transformação digital é basicamente uma mudança de cultura na empresa e isso implica em mudar os colaboradores. Eles seguem o líder e se este não estiver praticando a mudança que deseja, os liderados não vão fazer o que precisa ser feito. Transparência e conexão direta com sua equipe é papel fundamental do líder.

- **Não entender a Economia Digital**: Achar, erradamente, que a economia digital está destruindo o lucro das organizações, pois o cliente obtém mais valor do que paga por ele (quando pagam!). O poder de decisão está nas mãos dos clientes que compram somente o que precisam. Acabam os intermediários de distribuição e aumenta a transparência sobre as empresas e seus produtos. Os produtos digitais podem ser reproduzidos praticamente sem custos. Os executivos precisam aprender rapidamente como competir, como criar valor para os clientes e para a sua organização em um mundo de lucros cada vez menores. As empresas mais dinâmicas não esperam para ver o que vai acontecer, para só então lançar seus novos produtos. Elas lançam logo, e corrigem rapidamente, relançando em seguida (*pivotagem*), ao contrário das demais, que esperam para entrarem no mercado depois, apostando na sua capacidade de ganhar o mercado. Isso valia no passado, mas hoje não mais! Quem sai na frente, aprende antes, e ganha uma enorme vantagem sobre os concorrentes.

- **Não entrar nos ecossistemas de negociação:** As formas de fazer negócio estão mudando. Antes a empresa precisava decidir se ia oferecer um produto de alta qualidade, mas caro, ou um de baixa qualidade, mas barato. Hoje é possível entregar produtos de alta qualidade a preços baixos devido aos ecossistemas de empresas interligadas. Esses ecossistemas podem criar novos produtos e serviços pela integração das suas competências. Fazer parcerias com empresas de diversos setores é uma fonte de inovação e, consequentemente, de ganhos.

- **Tentar recriar a empresa**: Uma organização que queira se transformar digitalmente não pode esquecer o que ela já faz, e o que a trouxe até esse ponto do desenvolvimento. Tentar recriar a empresa para ela ser desruptiva é "jogar a água do banho com a criança junto"! As duas coisas precisam ser feitas: melhorar o que já se faz, com inovações incrementais, e montar estruturas internas inovadoras para buscar produtos e serviços revolucionários.

- Outro grande erro, que leva ao fracasso dos projetos de transformação digital, é tentar fazer com que uma grande organização **opere como uma startup**[6]. Isso é impossível e consome muita energia e recursos da organização. Por mais sedutor que seja, a operação do tipo startup só é possível em organizações muito pequenas ou que já nasceram digitais. A razão do sucesso rápido das startups, e que não pode ser reproduzido nas grandes organizações, é: a) elas podem fazer qualquer coisa, pois não têm um passado, ou uma marca, a zelar; b) elas podem atuar na informalidade até quando começam a incomodar o mercado (e o governo); c) elas são rápidas para tomar decisões e aproveitar oportunidades, pois não precisam prestar contas para estruturas burocráticas. Essas posturas são impossíveis para organizações com Conselhos de Administração, e que são focos de auditores, e fiscais, de todos os tipos.

[6] Blanl, S., Why you can´t just tell a company "be more like startup", in HTTPS://HBR.ORG/2017/06/WHY-YOU-CANT-JUST-TELL-A-COMPANY-BE-MORE-LIKE-A-START-UP, acessado em 1 de agosto de 2018

Capítulo 2

Estratégia para o século XXI

Há anos, ajudamos empresas de todos os portes e áreas de negócios a fazerem planejamento estratégico. Nesse tempo, percebemos as vantagens de se ter um guia para o futuro, mas também vimos que nem sempre esse guia era seguido depois de alguns meses. Conhecemos muitos executivos, com anos de casa, que não sabiam qual era a Missão e a Visão da organização que dirigiam. Quantas vezes, ao retornar à empresa um ano depois do trabalho de planejamento estratégico, vimos que as ações estratégicas criadas foram abandonadas e outras, completamente novas, estavam sendo executadas com prioridade. Alguma coisa está errada.

O planejamento estratégico é uma das peças fundamentais para o sucesso da organização. Através dele, os colaboradores entendem melhor a organização e sabem qual o rumo que ela adotou para alcançar seu sucesso. Sem planejamento estratégico não existe empresa, mas, sim, um ateliê artesanal, como eram as corporações de ofício medievais. Toda empresa precisa de planejamento de longo prazo que apresente seus valores e seu propósito para todos os envolvidos (internos e externos à organização) e que, de fato, oriente investimentos e ações no dia a dia dos negócios.

Governança Corporativa

A governança corporativa é reconhecida como um dos fatores primordiais para o acesso das empresas ao mercado mundial. Basicamente, ela procura definir princípios que compõem os diversos interesses afetados por leis, regras e regulamentos internos que regem o governo das companhias.

Podemos sumarizar o conceito de governança corporativa como sendo a regulamentação do arcabouço administrativo da empresa, através da explicitação dos direitos e deveres dos vários *stackholders*, da dinâmica da empresa e da organização dos poderes (PRAHALAD, 2005).

A preocupação com a lisura e transparência nas gestões de empresa já existe há mais de 40 anos, mas foi fortemente reforçada com os abusos ocorridos durante o *boom* das bolsas nos anos 1970, que tiveram curta duração e foram seguidos por vários anos de depressão do mercado. Novamente, em 2002, manipulações dos balanços de algumas grandes empresas levaram o mercado a anos de depressão. Empresas, economicamente frágeis, e sem nenhum compromisso com seus acionistas geraram grandes perdas aos investidores e mancharam a reputação do mercado de capitais.

Conforme La Porta et al. (2000), podemos sintetizar as preocupações com a governança corporativa como sendo: "*... o conjunto de mecanismos que protegem os investidores externos da expropriação pelos internos (gestores e acionistas controladores).*".

Uma boa governança corporativa é importante para dar segurança aos potenciais investidores, e estes se dispõem, até mesmo, a pagar um grande ágio para investir em empresas com altos padrões de governança. Em sua essência, a governança corporativa tem como principal objetivo demonstrar, aos acionistas e à sociedade, a seriedade e a segurança com que a empresa está sendo gerida pelo seu corpo diretivo. As áreas que são exploradas na governança corporativa são:

- **Recursos humanos**: pessoas, habilidades, planos de carreira, treinamento, relatório, mentoring, competências etc.

- **Ativos tangíveis:** dinheiro, investimentos, passivo, fluxo de caixa, contas a receber, prédios, fábricas, equipamentos, manutenção, segurança etc.

- **Ativos intangíveis:** Propriedade Intelectual, know-how de produtos, serviços e processos devidamente patenteados, sistemas da empresa, relacionamentos dentro da empresa, marca e reputação junto a clientes e fornecedores etc.

- **Tecnologia de Informação:** dados digitalizados, informações sobre clientes, desempenho de processos, finanças, sistemas de informação etc.

Planejamento Estratégico convencional

Algumas organizações optam pela metodologia convencional de planejamento estratégico (mais à frente, veremos uma alternativa mais moderna a essa metodologia). O planejamento estratégico convencional mapeia a organização de hoje e projeta o seu futuro com bases no passado e no desenho de cenários possíveis. Essa talvez seja a maior falha dessa metodologia: basear-se na crença de que o futuro pode ser previsto e que a organização vai continuar fazendo o que tem feito até agora. Pela sua importância histórica e penetração, vamos descrever o processo de planejamento estratégico convencional.

O nosso longo histórico de instabilidades políticas e monetárias levou nossos executivos a desenvolverem, e se habituarem, a estratégias de curto prazo (três anos) e de aproveitamento de oportunidades que aparecem espontaneamente (FOINA, 2013). Esse hábito está mudando. Cada vez mais, encontramos empresas nacionais com planejamento estratégico de longo prazo, acreditando na estabilidade econômica e política do país e usando essa estabilidade para planos audaciosos que se concretizarão em cinco ou mais anos (HAMEL; PRAHALAD, 1994).

O planejamento estratégico convencional cobre todas as áreas da empresa e é posteriormente desmembrado para cada uma delas (OLIVEIRA, 2004). Assim, teremos o planejamento estratégico de marketing e vendas (onde os novos produtos e mercados são definidos), o planejamento estratégico de produção (onde se repensa o processo produtivo, as tecnologias adotadas e a organização da produção), o planejamento estratégico de recursos humanos (onde a organização e processos da empresa são revisados e adequados às demandas das demais áreas) e o planejamento estratégico de TIC (que, a partir dos demais, estabelece a infraestrutura de tecnologia para suportar o futuro da organização).

Elaborar um planejamento estratégico pode demorar muito tempo (tipicamente, vai de dois a seis meses), dependendo do tamanho e complexidade da empresa e do grau de alteração e mudanças que se pretende. Mais do que em qualquer outro, nesse projeto, a pressa é inimiga da perfeição. As metodologias adotadas para um planejamento estratégico são diversas e variam de acordo com a cultura da empresa. Mostraremos a que usamos para ajudar empresas a se planejarem.

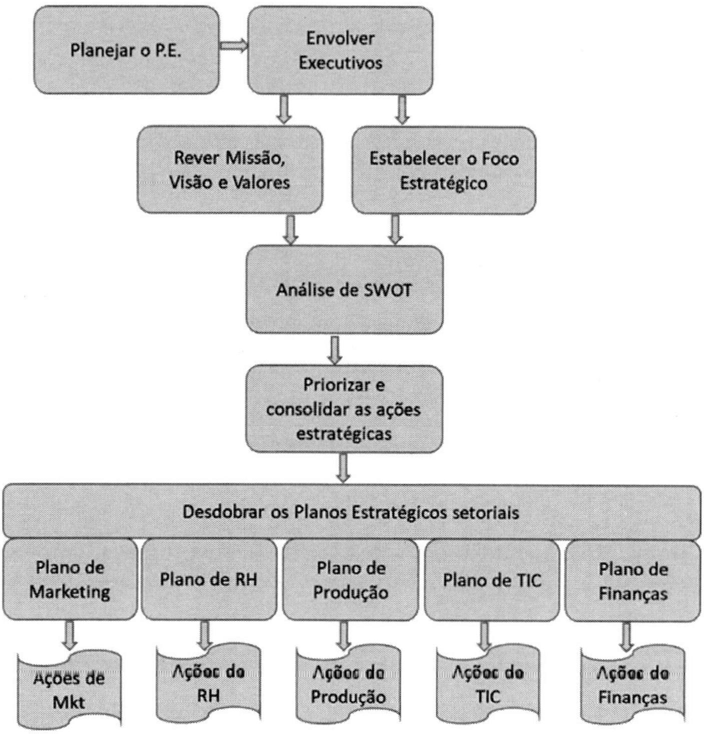

Figura 3: Sequência do planejamento estratégico

O comprometimento e aceitação do planejamento estratégico pelos membros da empresa, principalmente pela alta administração, são fatores críticos de sucesso para a empresa nos próximos anos (pressupondo-se que tenha sido elaborado com a melhor qualidade possível).

As etapas adotadas no Planejamento Estratégico, de acordo com a metodologia que desenvolvemos, são as seguintes (veja a Figura 3):

- Planejamento da elaboração do Planejamento Estratégico
- Envolvimento dos executivos
- Revisão das Missões, Visão e Valores da organização
- Definição do Foco estratégico da organização
- Análise dos Pontos Fortes, Fracos, Oportunidades e Ameaças
- Estabelecimento e priorização das ações estratégicas

- Desdobramento em planos estratégicos setoriais
- Desdobramento em planos de ação setoriais

Planejamento do Planejamento Estratégico

Como é uma atividade demorada e que, por si só, demanda recursos consideráveis (tais como consultores, reuniões, viagens etc.), o planejamento estratégico deve ser precedido por um rigoroso planejamento de suas etapas e pelo provimento dos recursos necessários.

O planejamento estratégico deve ser elaborado pela equipe de gestores da empresa, mas é altamente recomendável a presença de um consultor especializado para conduzir os trabalhos. O planejamento estratégico, para ser uma peça confiável para a organização, precisa da participação efetiva e comprometida de todos os seus gestores.

Envolvimento dos executivos

Para cooptar e motivar os gestores a participarem do esforço de planejamento estratégico, é fundamental o comprometimento do mais alto dirigente da organização. Ele deve participar de todas as etapas, mostrando que não há motivos para ausências de gestores e pessoas convidadas. Palestras preparatórias e uma intensa campanha de comunicação interna ajudam a criar o clima de planejamento e, assim, conseguir a participação espontânea e comprometida dos gestores.

Revisão da Missão, Visão e Valores

Missão, Visão e Valores declaram, respectivamente, o objetivo da organização, sua visão de futuro e os preceitos básicos que permeiam a sua atuação. A Missão deve ser simples, para lembrar aos colaboradores porque a organização existe e qual o objetivo que a move. Deve ser clara, para que não haja dúvidas sobre o que a organização busca entregar aos seus clientes, e, por fim, deve ser curta para ser memorizada com facilidade.

A Visão deve empolgar seus colaboradores a contribuírem para o futuro da organização. Assim como a Missão, deve ser simples, direta e facilmente memorizada.

As metas declaradas na Visão podem ser audaciosas, mas devem parecer factíveis para que os colaboradores a levem a sério.

Os Valores, declarados pela organização, são preceitos que devem permear todos os atos dos colaboradores nas suas tarefas diárias. A declaração de valores deve ser na medida exata do comprometimento da organização para com esses valores. Nada pior para a imagem de uma empresa, e para o moral dos colaboradores, do que a empresa não cumprir com os valores que declara.

Definição do Foco Estratégico

A empresa precisa definir qual será o foco de atuação, no qual colocará todas as suas energias. Para as empresas privadas, os focos competitivos são:

- **Entendimento do cliente** – o quanto a empresa concentra suas energias no entendimento das necessidades e expectativas dos seus clientes (que leva à fidelidade dos clientes).

- **Excelência operacional** – o quanto a empresa concentra seus esforços na eficiência operacional, garantindo baixos custos de produto (que podem significar preços baixos).

- **Qualidade do produto** – o quanto a empresa prioriza a qualidade da produção, gerando produtos (ou serviços) que são percebidos pelos clientes como tendo alta qualidade.

Segundo os trabalhos de Treacy e Wiersema (1998), uma empresa de sucesso é aquela que foca em apenas uma dessas vertentes de excelência, ou seja, uma empresa não terá um sucesso sustentável se tentar garantir, simultaneamente, excelência em duas ou mais dessas dimensões. Todos os casos estudados mostraram que as empresas duradouras e de sucesso concentraram sua atenção em uma dessas vertentes, optando por deixar as demais em segundo plano. As empresas, que não focam em apenas uma dessas vertentes, acabam dispersando seus recursos em várias frentes sem se destacar em nenhuma delas.

Para as empresas públicas, as vertentes são similares:

- **Entendimento do Cidadão** – que sinaliza o quanto a organização concentra suas energias na qualidade e na facilidade para a oferta dos serviços públicos aos cidadãos.

- **Eficiência Operacional** – o quanto a organização concentra seus esforços na eficiência operacional, garantindo baixos custos para a prestação dos serviços públicos.

- **Controle** – o quanto a organização foca sua atenção no controle e na transparência dos seus processos internos, combatendo os erros e os desvios de recursos públicos.

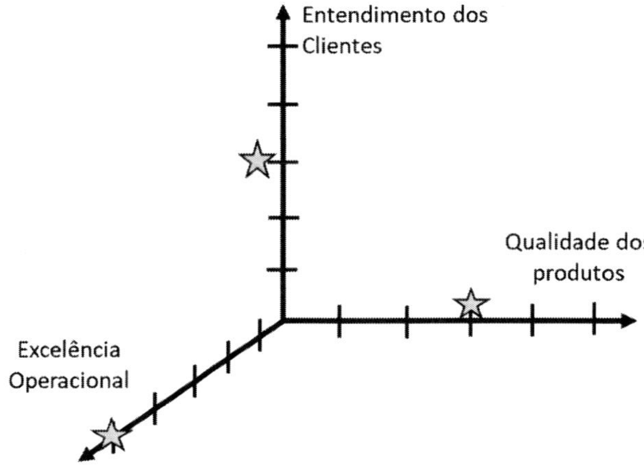

Figura 4: Diagrama de Foco Estratégico

Não há demérito em escolher um foco estratégico em detrimento de outro, pois é a única forma de se criar uma imagem institucional percebida pelos seus clientes.

A intensidade do foco de cada vertente deve ser analisada comparativamente a dos seus concorrentes, principalmente, aqueles líderes de mercado. A classificação não precisa ser exata, mas deve refletir a abordagem que a empresa adota para atender seu mercado.

Essas vertentes podem ser sintetizadas num diagrama, como o mostrado na Figura 4.

No diagrama, são marcados os níveis de foco para cada vertente de negócios. No nosso exemplo, a empresa concentra suas energias na eficiência operacional, de forma a garantir o menor custo de produção frente aos seus concorrentes. Focar numa das vertentes estratégicas significa que as ações que favorecem esse foco receberão mais apoio e recursos do que as que favorecem as outras dimensões.

Análise de SWOT

O contexto competitivo da empresa pode ser visualizado através do Diagrama **SWOT** (*Strengths, Weaknesses, Opportunities and Threats*), técnica criada por Albert Humphrey (HUMPHREY, 1978), onde são mostrados os Pontos Fortes, os Pontos Fracos, as Oportunidades e as Ameaças para a empresa.

As organizações precisam identificar e conhecer seus Pontos Fortes e Fracos (fatores intrínsecos à organização), e as Ameaças e Oportunidades (fatores externos à organização) e, a partir deles, definir ações para poder atacar melhor seu mercado.

O Diagrama SWOT[7] pode ter a forma mostrada na Tabela 1. Como regra geral, os Pontos Fortes devem ser maximizados (aproveitados para gerar receitas, reduzir custos, ampliar mercado ou melhorar a imagem da organização) e os Pontos Fracos devem ser eliminados ou reduzidos. As Oportunidades devem ser aproveitadas para a geração de novos negócios ou para reduzir os custos internos. As Ameaças devem ser combatidas, uma vez que podem representar perda de mercado ou prejuízo para a operação da empresa.

Tabela 1: Diagrama SWOT

Fatores Internos	Pontos Fortes Características da organização que a destacam em relação aos concorrentes	Pontos Fracos Características da organização que a colocam em posição desfavorável em relação aos concorrentes
Fatores Externos	Oportunidades Fatos, ou eventos, externos que podem ser utilizados para melhorar suas ofertas de valores ou produtividade	Ameaças Fatos, ou eventos, externos que podem colocar em risco sustentabilidade financeira ou mercadológica

[7] O SWOT foi desenvolvido por Albert Humphrey, na Universidade de Stanford entre 1960 e 1970

Para tudo isso (aproveitar os pontos fortes e as oportunidades, minimizar os pontos fracos e combater as ameaças), são definidas ações estratégicas que, se concretizadas pela organização, poderão fazer as oportunidades se transformarem em novas receitas (ou redução de custos) e reduzir os efeitos das ameaças sobre os negócios. Essas ações estratégicas devem ser priorizadas, pois não haverá dinheiro para fazer tudo o que seria desejável.

Priorização e consolidação das ações

As ações estratégicas geradas a partir da análise de SWOT (ou a partir de outras ferramentas de análise) devem ser priorizadas, uma vez que não haverá recursos financeiros para atender a todas elas. A priorização pode ser feita por consenso entre os gestores da organização ou por um critério previamente definido por eles. O critério que recomendamos é avaliar cada ação frente ao quanto ela contribui para o atingimento da Missão, da Visão e do Foco Estratégico. Na Tabela 2, mostramos como essa priorização pode ser feita. As dimensões estratégicas (Visão, Missão e Foco Estratégico) recebem pesos (de 1 a 3) que correspondem à importância de cada um para o futuro da organização. Cada ação, por sua vez, recebe uma nota (de 0 a 5) em cada dimensão, mostrando o quanto a ação contribui com a respectiva dimensão. A nota final é calculada como sendo a soma dos produtos das notas, em cada dimensão, com seus respectivos pesos. As ações com as maiores notas são as que mais atendem aos anseios da organização.

Tabela 2: Planilha de priorização das ações estratégicas

Ações Estratégicas	Missão	Visão	Foco Estratégico	Nota Final
	Peso	Peso	Peso	

Planejamento Estratégico Transformacional

Para empresas que atuam em mercados monopolizados e para órgãos públicos, a metodologia tradicional ainda pode ser uma forma de se preparar para as (poucas) mudanças previstas no ambiente de negócio.

Acompanhamos dezenas de empresas brasileiras, de todos os portes, após a publicação do seu planejamento estratégico, e observamos que:

- O processo demora tanto que algumas ações já nascem desatualizadas;
- Os problemas do dia a dia acabam solapando as direções estratégicas, e as decisões são tomadas sem alinhá-las com essas direções;
- Os cenários estabelecidos no planejamento raramente se concretizam, e a realidade traz eventos não previstos, e riscos não preconizados;
- Os indicadores de desempenho são construídos para favorecer algumas áreas e denegrirem outras, e não para garantir o alinhamento das ações da empresa com seu planejamento estratégico;
- Os textos de Missão e Visão são longos, difíceis de serem lembrados e construídos para atender os egos dos executivos, formando parágrafos com frases sem conexão entre elas;
- Os planos perpetuam os defeitos e vícios atuais da organização e não abrem espaço para a inovação.

O mundo atual é pródigo em mudanças radicais nos negócios e mercados. Novos produtos, serviços, modelos de negócio e formas de distribuição aparecem a todo instante, colocando em risco a solidez de empresas tradicionais. Nenhum negócio está seguro. Nenhuma forma de fazer negócio é garantia de sucesso. A mudança é a constante do século XXI.

Entendemos, e defendemos, que as organizações precisam de rumos definidos e planos de ação de curto, médio e longo prazos, mas a dinâmica moderna encurtou esses prazos e exige replanejamentos mais próximos, e velocidade na mudança de direção, seja para aproveitar uma oportunidade, seja para se proteger de mudanças no ambiente concorrencial.

Propomos uma metodologia, mais ágil e simples, para definir rumos para as organizações de qualquer porte. A simplicidade desta nossa proposta facilita a sua adoção também por pequenas empresas e até por empresas nascentes. Nessa metodologia, dividimos o Planejamento Estratégico em três fases: a) Descobrimento do Propósito da organização; b) Planejamento Transformacional e c) Produtos e Produção. Na primeira fase, redescobriremos o propósito da organização. Na segunda, focaremos nas ações para preparar a organização para os próximos anos. Na terceira e última, definiremos ações para proteger e preservar o espaço já conquistado.

Premissas do planejamento estratégico

O planejamento estratégico para o século XXI baseia-se nos seguintes princípios:

- **Comprometimento**: Toda a organização precisa estar comprometida e engajada com o seu planejamento, ao contrário do processo de planejamento estratégico tradicional, que é feito pela alta direção e simplesmente comunicado para os demais colaboradores.

- **Urgência**: As mudanças devem ser feitas rapidamente, e o senso de urgência deve nortear todas as ações da organização. Não há mais espaço para ações com anos de duração. Toda ação muito demorada precisa ser questionada e, se realmente necessária, deve ser dividida em ações mais curtas, e de resultados intermediários relevantes.

- **Transparência**: Todas as ações propostas devem ser divulgadas para toda a organização, de forma ampla e direta. Não há espaço para "segredos empresariais" que ficam apenas nas cabeças dos diretores. A conquista do mercado se dá pela eficiência e pela inovação, e ambas só prosperam quando todos conhecem as ações em que estão envolvidos.

O processo de planejamento estratégico pode ser representado pelo mapa mental, mostrado na Figura 5:

Figura 5: Mapa do Planejamento Transformacional

Propósito

A sociedade moderna exige das empresas não só bons produtos e atendimento, mas também o envolvimento com os grandes temas sociais, uma postura ética e comprometimento com o futuro da sociedade e do planeta. Toda empresa deve ter um **propósito** social que suporte suas ações operacionais. O propósito é a razão de ser da empresa para a sociedade. O propósito não é o produto/serviço que a empresa produz, é a declaração do bem que ela quer trazer para a sociedade. A pergunta-chave que toda empresa moderna deve responder para achar seu propósito é: *se a empresa não existir mais, que impacto isso trará para a sociedade?"*. Se a conclusão for de que a sociedade não terá nenhum impacto nessa situação, então a empresa não tem um propósito e isso a deixa fragilizada frente a concorrentes mais engajados.

O **propósito** não é dar lucro. Lucro é decorrência de um negócio engajado, bem gerido e preocupado com a experiência do cliente! O **propósito** é a razão maior da organização. Deve mostrar o benefício que ela traz para a sociedade. Exemplos de propósito são:

"Reduzir a fome no país" (indústria de alimentos)

"Construir uma sociedade com pessoas comprometidas com o bem comum" (instituição de ensino)
"Reduzir o tempo de deslocamento na cidade" (concessionária de ônibus)

Notem que, na explicitação do propósito da organização, não declaramos os produtos, pois eles serão os instrumentos para realizar seu propósito e não a razão de ser da organização. Uma boa declaração de propósito deve ser:

- **Atemporal** – valer para sempre;
- **Objetiva** – texto conciso e claro;
- **Grandiosa** – abordar, de forma audaciosa, grandes problemas;
- **Envolvente** – capaz de envolver e cooptar seus colaboradores.

Estudo de caso – um novo propósito

A empresa Softplus é uma software-house especializada em sistemas de automação comercial. Fazia seu planejamento estratégico a cada três anos e, em cada um deles, aprofundava um pouco mais o detalhamento das operações da empresa. A missão, estabelecida logo no início da empresa, continuava a mesma: "Entregar sistemas de automação comercial seguros e eficientes para nossos clientes". A visão, por sua vez, teve algumas alterações no decorrer dos planejamentos até a última versão, que declarava: "Ser a maior empresa de automação comercial do Brasil".

Com a contratação de um novo planejamento estratégico, mas agora com a abordagem transformadora, a missão e a visão foram substituídas pela declaração do propósito da empresa: "Incentivar e apoiar a eficiência tributária das empresas brasileiras".

Com o novo propósito, a empresa percebeu que sua atuação poderia ir muito além do desenvolvimento de sistemas de automação comercial, mas poderia incluir consultoria tributária, auditoria, análise de dados de vendas etc. ampliando, assim, o leque de produtos da empresa.

Competências Transformadoras

O Planejamento Estratégico Transformacional analisa a organização sob a ótica das suas competências para enfrentar as mudanças que ocorrerão nos próximos anos. Analisamos as **Competências Transformadoras** da organização, que são as características que definem se uma empresa consegue ou não se adequar às mudanças. Nesta fase, também avaliamos a Jornada do Cliente, ou seja, a forma como as interações empresa-cliente acontecem.

As **competências transformadoras**[8] são características da organização que a capacita para competir em um mundo dinâmico e incerto. Basicamente, as principais competências que se espera de uma organização moderna são: a) **capacidade de inovar**; b) **estilo gerencial flexível**; e c) **responsabilidade social**. Empresas que atuam em áreas menos competitivas podem prescindir dessas competências e focar nos seus pontos fortes, e fracos, avaliar o impacto das oportunidades e ameaças do mercado, e estudar as forças que agem na organização. A análise tradicional de organizações, através de SWOT [9], Forças de Porter[10] e outras ferramentas, pode ser suficiente para essa classe de organizações.

Capacidade de inovar

A primeira, e mais importante competência transformadora, é a capacidade da empresa em gerar inovações. Essa capacidade pode ser desdobrada, e aferida, nos seus componentes básicos:

- Grau de liberdade que os colaboradores têm para apresentar ideias e sugestões;
- Grau de tolerância ao erro (decorrente da tentativa de fazer algo novo), por parte da alta gestão;
- Grau de incentivo à geração e captura de ideias internas e externas;
- Grau de integração da organização com redes de empresas;
- Grau de amadurecimento do processo de gestão de inovação na organização.

---

[8] Competências transformadoras: conjunto de características intrínsecas à organização que lhe permitirão enfrentar um mercado dinâmico e em constante transformação.

[9] Humphrey, A., SWOT Analysis for Management Consulting. SRI Alumni Newsletter. SRI International, dezembro de 2005.

[10] Porter, M., Competitive Strategy: techinics for analising industries and competitors, Freem Press, junho de 2008

A liberdade de apresentação de ideias por parte dos colaboradores é fundamental para que as novas ideias sejam comunicadas aos superiores e, se for o caso, por eles analisadas.

A tolerância a erros, decorrentes de tentativas de inovar, é uma condição fundamental para que novas ideias floresçam. Para inovar é preciso fazer algo que nunca foi feito e, por isso, tem grande probabilidade de dar errado. As taxas de sucesso de ideias inovadoras, aceitas pelos investidores, é de cerca 20%, ou seja, para cada dez ideias inovadoras, em média, apenas duas terão sucesso. As demais se mostrarão insustentáveis ou com resultados pífios.

A receptividade da alta direção para ideias geradas, interna e externamente, mostra o grau de envolvimento da alta direção com a busca por inovação. Empresas inovadoras buscam inovação tanto interna (com ideias geradas pelos colaboradores) como externamente (com ideias geradas por fornecedores, clientes, distribuidores, universidades etc.).

A inovação não ocorre apenas com o esforço da organização. A participação de uma rede de empresas que se complementam também gera inovação pela apresentação de novos insumos, produtos, processos ou modelos de negócio.

Por fim, a inovação dentro da empresa acontece através de um processo de gestão da inovação que capture e trate as ideias que nascem, ou chegam, na empresa. Um processo de gestão de inovação deve contemplar as atividades de coleta de ideias, análise preliminar da sua viabilidade ou aderência à estratégia dos negócios, desenvolvimento de um protótipo operacional, teste de mercado, melhorias do protótipo e novo teste (pivotagem), adaptação da operação para suportar a inovação, implantação, acompanhamento dos resultados e reconhecimento dos autores da ideia.

Se a capacidade atual de inovação é insuficiente para competir no mercado da organização, ela deve definir ações de melhoria dessa capacidade. Essas ações serão posteriormente somadas às demais para montar um quadro geral de ações estratégicas para serem priorizadas e detalhadas.

Estilo gerencial flexível

Um estilo gerencial flexível permite à empresa se adaptar rapidamente às mutações do mercado, da economia e da concorrência. Estilos gerenciais rígidos se escoram em organogramas, também rígidos, que criam dificuldades para a organização acompanhar as mudanças no seu ecossistema.

Além da flexibilidade organizacional, é importante avaliar como as comunicações são feitas dentro da organização. Comunicação muito formal dificulta a divulgação de boas práticas ou a discussão sobre ideias que podem trazer vantagens operacionais para a organização.

A avaliação da flexibilidade organizacional de uma organização é o resultado da avaliação do organograma e da comunicação. Quanto mais flexível é a organização, mais apta a se adaptar às mudanças do ambiente de negócios. Quanto mais fácil é a comunicação interna, mais rápido as sugestões de melhoria e as informações sobre o negócio fluem pelos executivos.

Se a flexibilidade gerência atual é considerada inadequada para a estratégia da organização, então deve-se definir ações de flexibilização do seu estilo gerencial. Essas ações se somarão às demais para serem detalhadas e transformadas em plano de ação.

Responsabilidade social

Relembremos que a organização tem um propósito social que deve ser materializado na forma como ela se envolve com as questões sociais, econômicas, éticas e ambientais nas sociedades onde atua. Vamos classificar cada um desses envolvimentos:

O envolvimento social de uma organização caracteriza-se pelas ações que ela executa para melhorar a qualidade de vidas das pessoas que vivem no seu entorno da organização ou nos mercados onde atua. A organização pode apoiar ações sociais através de ONGs e instituições oficiais, e até, com o envolvimento integral, através de programas de formação, recuperação de dependentes etc.

Tabela 3: Planilha das Competências Transformadoras

Competências Transformadoras				
Indicadores	Nota Atual	Nota Desejada	Ações Necessárias	Objetivos esperados
Capacidade de Inovação				
Grau de liberdade				
Grau de tolerância ao erro				
Grau de incentivo à geração de ideias				
Grau de integração em redes				
Grau de maturidade de gestão de inovação				
Média sobre Capacidade de Inovação				
Estilo Gerencial Flexível				
Tipo de organograma				
Forma de comunicação				
Média sobre Estilo de Gestão				
Responsabilidade Social				
Envolvimento social				
Envolvimento econômico				
Práticas concorrenciais				
Preservação do meio-ambiente				
Média sobre Resposabilidade Social				

Já o envolvimento econômico se traduz na forma como a organização ajuda no desenvolvimento econômico da sua comunidade. A organização pode priorizar a contratação de moradores locais ou dar a preferência pela compra de produtos e serviços de pequenas empresas locais.

As questões éticas concorrenciais devem ser parte do DNA das organizações modernas. A sociedade não aceita mais empresas antiéticas e que praticam a concorrência desleal, como a sonegação de impostos, compra de fornecedores ilegais, uso de mão de obra em situação análoga à escravidão, suborno a agentes públicos etc.

O respeito e preservação do meio ambiente já são obrigações para as organizações e fatores importantes para a decisão de escolha dos clientes. As ações de preservação do meio ambiente podem ser desde o simples cumprimento das normas e leis ambientais até a exigência de que seus fornecedores também respeitem o ambiente, passando pela promoção de atividades de recuperação de áreas degradadas, rios e ecossistemas.

A avaliação geral, relativa à responsabilidade social de uma organização, é baseada nas avaliações anteriores. Se o nível de responsabilidade social da organização é insuficiente para a sua estratégia, ela deve definir ações de melhoria nesse quesito. Essas ações serão posteriormente somadas às demais para montar um quadro geral de ações estratégicas a serem priorizadas e detalhadas.

Sugerimos a planilha, mostrada na Tabela 3, para lançar as ações que devam ser executadas para melhorar as suas diversas Competências Transformadoras. Nessa planilha, a cada dimensão é atribuída uma nota que reflete a situação atual e uma nota que mostra o nível que a organização deseja alcançar dentro do período do planejamento. Quando as notas atual e desejada são diferentes, é necessário definir ações para que essa diferença seja neutralizada. Para cada ação, um ou mais objetivos esperados são descritos.

Estudo de Caso: Construtora Casa Nova

A Construtora Casa Nova, com mais de 50 anos de atuação no Brasil, especializou-se em construir e vender condomínios residenciais para a classe média. Seu processo de produção começa com a aquisição do terreno, projeto e regularização urbanística, projeto arquitetônico, construção, vendas e entrega.

Figura 6: Comparação entre a situação atual e a desejada

A empresa percebeu uma mudança no perfil dos seus clientes, com a entrada de clientes mais jovens (solteiros e sem filhos), em contraste aos compradores anteriores (famílias mais velhas e com filhos). Recebeu também demandas de maior facilidade de interação dos clientes e meios mais modernos de acompanhamento das obras. Para atender a essas demandas, a empresa contratou o planejamento transformacional e obteve o resultado mostrado no diagrama de radar, comparando a situação atual com a situação desejada (Figura 6)

As ações de melhoria das suas competências transformadoras são mostradas na planilha da Tabela 4 a seguir, com as respectivas ações estratégicas.

Tabela 4: Exemplo de análise de competências

Competências Transformadoras - Construtora Casa Nova				
Indicadores	**Atual**	**Desejada**	**Ações Necessárias**	**Objetivos esperados**
Capacidade de Inovação				
Grau de liberdade	1	2	Conscientizar os C-levels para dar mais liberdade de ação aos colaboradores	Aumentar a quantidade de ideias e sugestões dos colaboradores em 20%
Grau de tolerância ao erro	0	2	Divulgar e implantar a política de tolerância a erro	Aumentar a quantidade se ideias e sugestões dos colaboradores em 20%
Grau de incentivo à geração de ideias	0	2	Instalar caixa de ideias na empresa	Aumentar a quantidade se ideias e sugestões dos colaboradores em 20%
Grau de integração em redes	1	2	Participar ativamente (com um executivo) do sindicato da área	Participar ativamente do sindicato visando a dinamização do setor
Grau de maturidade de gestão de inovação	0	3	Contratar uma consultoria para implantar a gestão de inovação	Ter uma política de inovação implantada
Média sobre Capacidade de Inovação	**0,40**	**2,20**		
Estilo Gerencial Flexível				
Tipo de organograma	1	1	Nenhuma ação. Ficaremos na estrutua hierarquica de projetos	nenhum
Forma de comunicação	1	2	Implantar programa de "Fale com o Presidente"	Dar retorno a 100% das correspodnências
Média sobre Estilo de Gestão	**1,00**	**1,50**		
Responsabilidade Social				
Envolvimento social	0	3	Apoiar uma entidade local de ação social	Conseguir arrecadar R$ 100.000/ano
Envolvimento econômico	0	2	Dar preferência para contratação de pessoas do local das obras	Ter mais de 50% dos colaboradores morando perto das obras
Práticas concorrenciais	0	3	Deixar de participar dos carteis e acordos dos fornecedores	Não participar de carteis
Preservação do meio-ambiente	1	3	Reciclar todo papel usado e reduzir o consumo de energia nos escritórios	Papel reciclado em 80% e redução de 20% na energia
Média sobre Resposabilidade Social	**0,25**	**2,75**		

Produtos e produção

A empresa entrega produtos e serviços, que são produzidos, ou montados, nas suas instalações. Essa é a forma da organização alcançar seus propósitos. É onde também ela gera sua receita e realiza parte das suas despesas.

A receita é decorrente da captação de clientes interessados em consumir o que a empresa oferece. A maioria das empresas tem como clientes, pessoas físicas ou jurídicas que consomem seus produtos/serviços, e pagam por eles. Algumas empresas exploram um modelo de negócio, no qual o cliente não é o consumidor dos seus produtos/serviços. É o caso da TV aberta, onde os consumidores são as pessoas que assistem (gratuitamente) aos seus programas, mas os clientes são aqueles que contratam inserções de publicidades entre esses programas (e pagam por esses espaços de publicidade). Esse modelo teve um crescimento enorme nos últimos anos, principalmente em decorrência do sucesso de empresas como o Google e o Facebook. Para esse tipo de empresa, é importante oferecer produtos/serviços que agradem seus consumidores, pois, assim, mais pessoas vão usar esses serviços e verão as inserções de publicidade, gerando mais receita.

Independentemente dos produtos e modelos de negócio, o sucesso da organização depende de consumidores (ou usuários) contentes e ávidos pelos seus produtos. Para isso, é fundamental oferecer a eles uma experiência agradável que vai desde a percepção do motivo para a sua vontade de adquirir esse produto/serviço até o descarte ou reciclagem do mesmo, passando pela compra e pelo uso. A isso chamamos de **jornada do cliente**[11].

Paralelamente à jornada do cliente, a organização precisa produzir/gerar os produtos e serviços que serão consumidos. Para produzir, é preciso insumos, máquinas, processos, espaços e pessoas que se articulam para gerar o produto com a qualidade, na quantidade e no preço que os consumidores desejam. A isso chamamos de **produção**[12].

---

[11] Jornada do cliente: conjunto de interações, diretas e indiretas, que o cliente faz com os diversos canais da organização, desde a manifestação de interesse pelo produto/serviço até o descarte do mesmo no final do seu ciclo de vida

[12] Produção: conjunto organizado de pessoas, equipamentos e processos que transfomam insumos em produtos/serviços de interesse do mercado

Jornada do cliente

A consolidação dos conhecimentos sobre mercado, cliente e processos deve servir de base para o estudo, e melhoria, da jornada do cliente na organização. A jornada é todo o ciclo de interações do cliente com sua organização, desde a percepção de que ele tem uma necessidade, passando pelo primeiro contato no site, pela escolha do produto/serviços, pela busca de informações, pela compra, pelo pagamento, pelo recebimento do produto/serviço, pelo uso, pelo descarte e pela recomendação a seus amigos e contatos.

De uma forma geral, a Jornada do Cliente pode ser sintetizada no processo mostrado na Figura 7, o qual vamos detalhar um pouco mais.

- **Nasce a necessidade**: O consumidor sente a necessidade de um produto, ou serviço, quando ele percebe que tem um problema (o que chamamos de "dor do cliente"). Esse problema pode nascer no próprio consumidor (por exemplo, quando ele sente fome, sede, frio, saudades, angústia, medo, curiosidade, vontade de viajar etc.) ou pode ser induzido artificialmente pela propaganda e pelas opiniões de seus contatos (como acontece fortemente com as indústrias automobilísticas, da moda e da beleza).

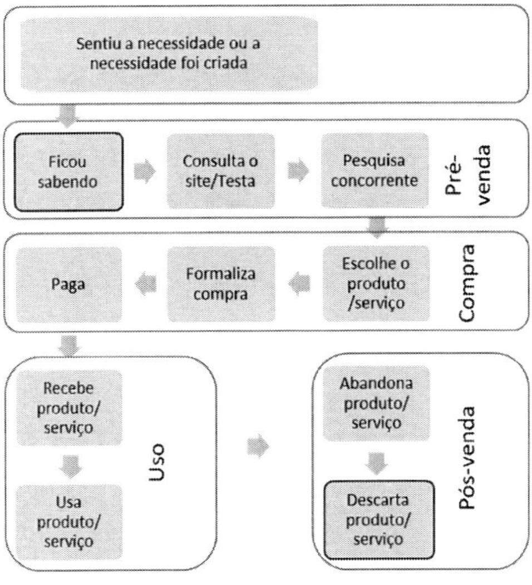

Figura 7: Jornada do cliente

- **Fica sabendo**: Por diversos canais, nem sempre monitorados pela organização, o futuro consumidor fica sabendo do produto/serviço oferecido por ela e que atende sua necessidade. Pode ser através de propaganda, comunicação boca a boca, opinião de blogueiros, citação de amigos etc. Para maximizar essas recomendações e obter o maior retorno, devemos identificá-las, entendê-las e descobrir formas de impulsioná-las.

- **Consulta o site/experimenta**: Após saber da existência do produto/serviço, o potencial consumidor pode pesquisar no site da organização, em sites de avaliação de produtos, ou mesmo em publicações especializadas. Com essa pesquisa, ele começa a formar uma opinião sobre a vantagem, ou não, de adquirir aquele produto/serviço. É importante monitorar os sites que avaliam produtos, serviços e empresas para identificar eventuais recomendações negativas. Municiar blogueiros profissionais e formadores de opinião com informações e amostras é um dos caminhos para incrementar esse ponto de contato do seu futuro consumidor com o produto/serviço. Produtos mais sofisticados, como os automóveis e moradias, e os que envolvem sensações cognitivas, como comidas e bebidas, devem permitir uma experimentação através de test-driver, unidade decorada, degustação etc.

- **Pesquisa a concorrência**: Ainda para buscar mais informações sobre o produto/serviço, o consumidor potencial pesquisa outras empresas que oferecem soluções similares. A organização deve fazer o mesmo. Precisa conhecer seus concorrentes e as vantagens e desvantagens apresentadas por eles. Assim poderá evidenciar seus diferenciais competitivos nas suas peças de publicidade.

- **Escolhe o produto**: Com todas as informações em mãos, o consumidor pode efetivamente escolher o produto, o fornecedor e efetivar a aquisição. Em sites de e-commerce, cerca de 70% dos compradores selecionam produtos, mas não fecham as compras - chama-se "abandono de carrinho"[13]. No Brasil, em 2017, essa taxa foi superior a 80%[14]. Os principais motivos para esse abandono são: taxas extras, tais como frete, embalagem etc., muito altas (60%) e

---

[13] Baymard Institute, em https://baymard.com/lists/cart-abandonment-rate, acessado em 21 de julho de 2018

[14] Neoatlas, E-commerce radar 2017 – consolidado, em http://materiais.neoatlas.com.br/ecommerce-radar-consolidado2017, acessado em 10 de março de 2018

formulário longo para criação da conta (37%). O processo de compra deve ser rápido. O produto deve ser facilmente encontrado e, para formalizar a compra, deve-se pedir os dados mínimos para concretizá-la.

- **Formaliza a compra**: No fechamento da compra, forneça todos os dados que o cliente desejar (empresa de logística, data prometida para entrega, nome da empresa no extrato do cartão de crédito etc.). Os clientes que selecionaram produtos, e não abandonaram o carrinho, formalizam a compra fornecendo os dados para envio e pagamento. Assim que o produto é despachado ao cliente, ele deve poder acompanhar a entrega através de sites de rastreamento da transportadora escolhida. Escolha parceiros de logística que ofereçam serviço de rastreamento de encomendas que possa ser usado pelo cliente. Teste o serviço para verificar se ele é de fácil utilização. Mantenha o cliente informado sobre qualquer movimento da sua encomenda. Isso o deixará mais tranquilo quanto à entrega.

- **Pagamento**: A etapa de pagamento pertence à etapa anterior, mas merece um destaque pela sua importância na satisfação do cliente. O pagamento deve ser o mais facilitado possível. Deve-se oferecer o máximo de opções de meios de pagamento (cartões de crédito, de débito, aplicativos de pagamento, boleto, depósito em conta etc.). Para verificar a integridade do pagamento, solicite o mínimo de informações necessárias ao cliente. Se a compra for pela Internet, a efetivação da cobrança deve ser online e na mesma tela do pagamento. Mande um e-mail para o cliente com os dados da cobrança e a Nota Fiscal Eletrônica correspondente.

- **Recebe o produto**: Depois do tempo para a embalagem e despacho do produto, o cliente o recebe no endereço indicado no momento da compra. Ele desembrulha, descarta a embalagem e pode usar o produto assim que possível. Use embalagens seguras, que mantenham a integridade do produto. Veja a possibilidade de dar uma utilização para a embalagem e evitar que ela seja descartada de imediato (lembre-se das sacolas de supermercado, que são propagandas ambulantes desses estabelecimentos).

- **Usa o produto**: O cliente passa ter a experiência de uso efetivo do produto. Pode, agora, observar melhor sua qualidade, suas características, principalmente aquelas que não são destacadas no site (peso efetivo, facilidade de uso, durabilidade, resistência a impactos, barulho etc.). Procure descobrir a opinião do cliente sobre o produto. Periodicamente, pergunte sobre o uso e suas sugestões sobre como melhorá-lo. Toda ideia deve ser aproveitada para melhorar o produto.

- **Abandona o produto**: Depois de um tempo, o cliente deixa de usar o produto, seja porque se consumiu, porque ele quebrou, por ter-se tornado obsoleto, por já ter resolvido a sua necessidade original etc. O produto agora é um transtorno para ele. Quando descobrir que o produto não está sendo usado, ofereça ao cliente alternativas de destinação. Pode ser a troca promocional por um modelo mais recente, doação para uma entidade filantrópica etc.

- **Descarta**: Após abandonar o produto, o cliente pode decidir por descartá-lo. Se não houver orientações específicas, ele vai colocá-lo no lixo ou dá-lo a outra pessoa (se ainda estiver funcionando). Oriente-o como proceder o descarte com o mínimo de impacto ao meio ambiente. Se possível, ofereça serviço de recolhimento do produto, ou indique os locais de entrega. Se for preciso, envie embalagens apropriadas para o descarte. Promova boas ações ambientais e sustentáveis com o cliente.

A experiência do cliente, em toda essa jornada, formará a sua percepção sobre o produto e sobre a empresa, percepção esta que ele propagará para sua rede de amigos.

Em cada uma dessas interações, a organização pode se antecipar e orientar o cliente para que ele efetivamente compre o seu produto e que possa fazê-lo outras vezes (com este mesmo produto ou com outros da organização). Desenvolver a jornada do cliente significa tornar cada uma dessas interações prazerosa e interessante, fidelizando o cliente e aumentando a divulgação do produto, e da organização, para seus contatos, amigos e parentes.

Tabela 5: Análise da Jornada do Cliente

Ações para melhoria da Jornada do Cliente				
Etapa da Jornada	**Nota Atual**	**Nota Desejada**	**Ações Necessárias**	**Objetivos esperados**
Pré-venda				
Saber do produto				
Consulta ao site				
Pesquisa de concorrentes				
Média pré-venda				
Compra				
Escolher o produto				
Formaizar a compra				
Pagamento				
Média compra				
Uso				
Receber o produto				
Usar o produto				
Média uso				
Pós-uso				
Abandono do produto				
Descarte				
Média pós-uso				

Para cada etapa da Jornada do Cliente, podemos estabelecer ações visando tornar essa jornada mais agradável e prazerosa para o cliente. A relação de ações pode ser lançada em uma planilha, como a mostrada na Tabela 5. Nessa tabela, lançamos as notas atuais e desejadas para cada etapa da jornada, as médias por grupo de etapas e as ações necessárias para melhorar as notas atuais.

Estudo de caso: Jornada do cliente

O processo de venda da Construtora Casa Nova seguia o mesmo processo adotado pelas demais construtoras. A divulgação das novas unidades era feita por folders distribuídos nos cruzamentos das ruas da cidade e, eventualmente, em outdoors. A venda ficava totalmente a cargo do corretor de imóveis, parceiro da construtora, e cabia a ela a geração dos leads e a qualificação dos potenciais compradores. Boa parte do trabalho era feita por telefone. O pagamento era feito em parcelas pagas via boleto bancário.

A entrega das chaves era acompanhada pelo corretor, que explicava os principais cuidados de conservação do imóvel e deixava com o comprador um pequeno manual de uso e manutenção da unidade habitacional.

Tabela 6: Planilha exemplo de análise da jornada do cliente

Ações para melhoria da Jornada do Cliente - Construtora Casa Nova				
Etapa da Jornada	**Nota Atual**	**Nota Desejada**	**Ações Necessárias**	**Objetivos esperados**
Pré-venda				
Saber do produto	0	1	Contratar uma reportagem sobre os novos lançamentos	Figurar em 10 clipping no ano
Consulta ao site	1	1	Melhorar a interface do site e torna-lo responsivo	Permitir a pesquisas por smartphones
Pesquisa de concorrentes	0	1	Monitorar os novos lançamentos nos bairros onde teremos obras	acompanhar os 10 maiores concorrentes
Média pré-venda	**0,3**	**1,0**		
Compra				
Escolher o produto	2	3	Melhorar o detalhamenot do produto no site e no stande de vendas - usar RV	Aumentar as vendas em 10%
Formalizar a compra	3	3	Facilitar o processo de cadastramento do cliente e da compra	Reduzir o tempo em 50%
Pagamento	2	3	Ampliar o uso de outros meios de pagamento das mensalidades	Oferecer pagamento via cartão de crédito
Média compra	**2,3**	**3,0**		
Uso				
Receber o produto	1	3	Tornar a entrega das chaves um evento festivo com documentação da obra em vídeo	Melhorar a experiência de entrega das chaves
Usar o produto	1	2	Monitorar bimensalmente o uso do imóvel	Registro de defeitos e sugestões
Média uso	**1,0**	**2,5**		
Pós-uso				
Abandono do produto	0	2	Monitorar anualmente o estado no imóvel e oferecer outros empreendimentos	Identificar patologias construtivas de longo prazo
Descarte	0	2	Oferecer anualmente novos empreendimentos aceitando o atual como parte do pagamento	Aumebtar para 20% a venda para cllienets antigos
Média pós-uso	**0,0**	**2,0**		

Durante os cinco anos após a entrega das chaves, a construtora apenas fazia os reparos que eventualmente eram necessários e apontados pelos moradores.

A análise transformacional mostrou que a empresa precisava se modernizar e entregar mais valor ao seu cliente, mantendo um diálogo proativo com eles. O resultado é mostrado na planilha da Tabela 6, destacando as ações estratégicas para a modernização das suas atividades.

Produção

A produção engloba as atividades de planejar, projetar, comprar insumos, produzir, estocar e entregar os produtos, ou serviços. A produção é responsável por uma parcela muito grande dos custos totais das empresas.

No século XXI, os produtos e serviços ficam obsoletos muito rapidamente, assim como produtos e serviços já esquecidos voltam, repentinamente, à moda. Essa dinâmica exige das empresas atenção às tendências do mercado e capacidade de se adaptar rapidamente a essas mudanças, aproveitando essas oportunidades antes que a concorrência o faça.

Os fatores que determinam se a produção tem condições de acompanhar a dinâmica do mercado são basicamente: a) Flexibilidade; b) Produtividade; c) Qualidade e d) Tempo.

- **Flexibilidade**: A produção precisa ser flexível para se ajustar a novos produtos e novas especificações demandadas pelo mercado. Para ser flexível, a produção precisa ser enxuta, automatizada e operada por profissionais qualificados. Os estoques precisam ser reduzidos para viabilizar a renovação de produtos e de insumos rapidamente, sem perdas ou desperdícios.

- **Produtividade**: Produtividade é fazer mais com menos. Menores custos de insumos, de pessoal e de tempo. Novamente aqui, a automação e a simplicidade dos processos de produção são as chaves para uma empresa ser produtiva. A esses dois fatores, devemos adicionar o design do produto/serviço com foco na produção (para simplificar e facilitar as etapas de produção) e a capacitação da equipe.

- **Qualidade**: Qualidade em produtos é entregar exatamente o que foi prometido e especificado. É respeitar as especificações divulgadas ao mercado. Em serviços, isso é um pouco mais complexo, pois o serviço se materializa no momento em que é prestado, sendo avaliado de maneira subjetiva pelo consumidor. Insumos de qualidade, processos bem definidos, design eficiente, máquinas modernas e profissionais qualificados são elementos importantes para que se entregue um produto, ou serviço, de qualidade.

- **Tempo**: O tempo de produção, e de entrega, do produto/serviço pode significar custos de produção e satisfação dos clientes. Reduzir o tempo de produção reduz o custo de pessoal e o tempo que os recursos aplicados no produto/serviço ficam estocados na empresa. O tempo de entrega do produto/serviço para os consumidores pode significar aumento da satisfação e maior participação de mercado. A redução dos tempos de produção e entrega é obtida com a automação, a capacitação dos operários, o planejamento da produção vinculado às vendas, o fornecimento de insumos na hora que são necessários, e na quantidade correta, e com parceiros de logísticas comprometidos com a empresa.

Esses quatro fatores possuem características comuns que podem ser sintetizadas na Tabela 7. Assim como fizemos para a Jornada do Cliente, devemos avaliar o grau de prontidão para mudanças da produção e definir ações necessárias para adequar o grau de prontidão atual com o grau desejado.

Tabela 7: Análise da produção e dos produtos

Ações para melhoria do processo de produção/entrega e do produto/serviço				
Etapa da Jornada	Nota Atual	Nota Desejada	Ações Necessárias	Objetivos esperados
Flexibilidade				
Tamanho médio do estoque de insumos				
Tamanho médio do estoque de produtos				
Grau de capacitação dos operários				
Grau de automação da produçao				
Média flexibilidade				
Produtividade				
Grau de otimização da produção				
Grau de automação da produçao				
Design otimizado à produção				
Grau de capacitação dos operários				
Média produtividade				
Qualidade				
Grau de modernidade dos equipamento				
Grau de capacitação dos operários				
Design otimizado à produção				
Grau de otimização da produção				
Grau de qualidade dos insumos				
Média qualidade				
Tempo				
Grau de automação da produçao				
Design otimizado à produção				
Grau de planejamento da produção				
Grau de parceria de logistica				
Tamanho médio do estoque de insumos				
Média tempo				

Se existir diferença (*gap*) entre a nota desejada e a atual, a organização deve, então, definir ações para tratar essas diferenças. Essas ações serão posteriormente consolidadas e sintetizadas, formando um conjunto coerente e justificável de ações estratégicas.

Estudo de caso: Produção e produtos

O processo de produção adotado pela Construtora Casa Nova é praticamente o mesmo usado pela maioria das construtoras, ou seja, cada canteiro de obra é uma estrutura complexa com armazenagem de insumos, construção dos componentes e montagem na obra. Esse processo se caracteriza por gerar um desperdício de material acima de 20%, o que encarece a obra e gera um alto impacto ambiental.

A solução adotada pela construtora foi planejar melhor as obras, com detalhamento prévio de todo o processo de construção (incluindo os fatores externos que impactam o cronograma de obra, como período de chuvas intensas, feriados longos etc.). Com isso, passou a negociar a entrega dos materiais de construção em datas próximas ao seu uso, reduzindo o volume de material na obra e o tempo que ele fica parado, correndo riscos de perdas e quebras. Os fornecedores foram qualificados e apenas os que cumpriam as datas de entrega e tinham qualidade técnica é que ficaram fornecendo para as obras.

Tabela 8: Planilha de avaliação da produção da Casa Nova

Indicadores	Nota Atual	Nota Desejada	Ações Necessárias	Objetivos esperados
Flexibilidade				
Tamanho médio do estoque de insumos	1	4	Zerar o estoque das obras	Zerar as perdas em estoque de obras
Tamanho médio do estoque de produtos	2	4	Aumentar as campanhas de venda de unidades prontas	Reduzir para 3 meses o tempo médio de venda de unidades prontas
Grau de capacitação dos operários	1	3	Alfabetizar todos os operários	Não ter semialfabetizados nas obras
Grau de automação da produçao	1	3	Intriduzir novos equipamentos nas obras	Aumentar a produtividade da obra em 10%
Média flexibilidade	**1,3**	**3,5**		
Produtividade				
Grau de otimização da produção	1	3	Rever os processo de produção para simplificá-los	Diminuir em 10% o número de atividades na obra
Grau de automação da produçao	1	3	Intriduzir novos equipamentos nas obras	Aumentar a produtividade em 10%
Design otimizado à produção	2	4	Rever os projetos arquitetônicos com vistas à otimização dos processos de produção	Reduzir as quebras de materiais (tijolos, cerâmicas etc.) em 50%
Grau de capacitação dos operários	1	3	Alfabetizar todos os operários	Não ter semialfabetizados nas obras
Média	**1,3**	**3,3**		
Qualidade				
Grau de modernidade dos equipamento	2	3	Substituir equipamentos antigos por novos	Aumentar a produtividade em 10%
Grau de capacitação dos operários	1	3	Alfabetizar todos os operários	Não ter semialfabetizados nas obras
Design otimizado à produção	2	4	Rever os projetos arquitetônicos com vistas à otimização dos processos de produção	Reduzir as quebras de materiais (tijolos, cerâmicas etc.) em 50%
Grau de otimização da produção	1	3	Rever os processo de produção para simplificá-los	Diminuir em 10% o número de atividades na obra
Grau de qualidade dos insumos	2	4	Qualificar os fornecedores de insumos	Aumentar em 20% tempo médio entre manutenções do imóvel depois da entrega
Média qualidade	**1,6**	**3,4**		
Tempo				
Grau de automação da produçao	2	3	Intriduzir novos equipamentos nas obras	Aumentar a produtividade em 10%
Design otimizado à produção	2	4	Rever os projetos arquitetônicos com vistas à otimização dos processos de produção	Reduzir as quebras de materiais (tijolos, cerâmicas etc.) em 50%
Grau de planejamento da produção	2	4	Planejar detalhadamente o processo de construção	Entregar 80% das obras na data contratada
Grau de parceria de logistica	0	0	Qualificar os forncedores de logistica	Aumentar em 20% tempo médio entre manutenções do imóvel depois da entrega
Tamanho médio do estoque de insumos	1	4	Zerar o estoque das obras	Zerar as perdas em estoque de obras
Média tempo	**1,4**	**3,0**		

Os projetos arquitetônicos eram feitos por escritórios de arquitetura contratados para cada obra. O resultado era que os projetos não ajudavam na melhoria da produtividade e da qualidade da obra final. A solução envolveu selecionar alguns escritórios e desenvolver com eles normas básicas de projeto arquitetônico que reduzisse as perdas de material (por exemplo, as dimensões escolhidas dos banheiros e cozinhas evitavam a quebra de azulejos e cerâmicas) e o tempo de execução da obra.

Novas normas e padrões de qualidade foram implantados, incluindo um sistema de controle de qualidade que avaliava cada serviço realizado na obra pelos operários. Se o serviço não atendesse aos critérios de qualidade, ele seria desmanchado e o empregado deveria refazer, sem ser remunerado por isso. Essa abordagem resultou na quase completa eliminação de retrabalho e uma melhor qualidade da obra final.

Na tabela 8, temos a planilha de avaliação da produção/produto elaborada pela construtora no seu planejamento estratégico.

Ações estratégicas transformadoras

Durante as análises anteriores foi gerado um conjunto de ações estratégicas tratando cada uma das dimensões da organização. Agora é preciso colocar essas ações em ordem, estabelecer prioridades e detalhá-las para que possam ser executadas e, posteriormente, mensuradas e acompanhadas.

Podemos consolidar as médias das notas obtidas na análise das Competências Transformadoras, Jornada do Cliente e Produção/Produto e compará-las com as notas desejadas, como no diagrama de radar mostrado na Figura 8. Esse diagrama nos dá uma visão sintética do tamanho do desafio da organização para se adequar às demandas do Século XXI.

As ações devem ser agrupadas e priorizadas, já que dificilmente haverá recursos para executar todas. O importante é que os participantes do planejamento estratégico concordem com os critérios de priorização, antes da geração das ações estratégicas, e que se comprometam em segui-los mesmo que os resultados finais não sejam de agrado de todos.

Figura 8: Radar dos desafios

É natural que critérios objetivos de priorização resultem em uma classificação que contrarie interesses de alguns participantes, que gostariam que as ações de sua preferência tivessem classificações mais relevantes. Uma fase de negociação, posterior à classificação, pode ser necessária para acomodar ações cuja importância para a organização não foi devidamente capturada por esse processo de classificação.

Os critérios de priorização devem ser escolhidos pelos participantes do planejamento. Podem usar critérios objetivos, como os mostrados na Tabela 9, ou critérios subjetivos, como a votação entre os participantes (a prioridade é calculada em função dos votos conseguidos por cada uma delas).

Tabela 9: Planilha de priorização das ações estratégicas

Consolidação e Priorização de Ações Estratégicas						
Ação Necessária	Impacto no Propósito	Impacto na Receita	Impacto nos Custos	Impacto no Market Share	Impacto no Clima Interno	Pontuação final
	Peso=X	Peso=X	Peso=X	Peso=X	Peso=X	

É natural que, nesse processo, sejam definidas muitas ações estratégicas, muito mais do que a organização tem condições de executar. É preciso limitá-las (em número) para que elas possam, de fato, ser perseguidas e acompanhadas por toda a organização. Para grandes empresas, sugerimos um limite de 20 ações estratégicas, para as médias empresas, 15 e, para as pequenas, apenas 5. Lembramos que as ações que não forem tratadas no presente ciclo de planejamento poderão ser tratadas nos próximos.

Priorizadas, as ações estratégicas devem ser desdobradas em tarefas operacionais e com a atribuição de responsáveis pela sua realização. Sugerimos a planilha mostrada na Tabela 10 para o desdobramento das ações e seu posterior acompanhamento.

Nesta planilha, lançamos, para cada ação estratégica, as tarefas que a realizam (podem ser mais do que uma tarefa por ação). Para cada tarefa, atribuímos a mesma pontuação da ação estratégica correspondente, os resultados esperados, o nome do responsável pela tarefa e a data limite para sua realização. Na fase de acompanhamento, podemos usar a mesma planilha, lançando também a quantidade já realizada da tarefa (calculada de acordo com o indicador escolhido) até a data de apuração.

Uma mesma tarefa pode ser desdobrada de várias ações estratégicas diferentes. Nesse caso, a tarefa deve receber, como valor de prioridade, a soma das prioridades das ações estratégicas originais, indicando que essa tarefa, se realizada, trará benefícios para várias ações estratégicas diferentes.

As tarefas devem ter prazos de realização curtos, normalmente de três a seis meses, para que os resultados possam ser percebidos por todos os colaboradores. Caso a ação estratégica demande mais tempo, divide-a em várias tarefas, mais curtas, com resultados intermediários mensuráveis. O foco das tarefas deve ser no resultado esperado e não no trabalho realizado. De nada adianta termos trabalhado bastante se o resultado esperado não foi alcançado (MAASIK, 2017).

Tabela 10: Desdobramento das ações estratégicas

Desdobramento das Ações em Tarefas Mensuráveis					
Ação	Tarefa	Resultado Esperado	Responsável	Data Limite	Pontuação

Por exemplo, se a ação estratégica é "aumentar a conversão de vendas no canal online", podemos dividí-la nas seguintes tarefas (com seus resultados esperados):

1. "Reduzir o tempo na fase de pagamento (resultado esperado: reduzir o tempo para pagamento da conta em 15 segundos) – prazo: 40 dias úteis;

2. Aumentar a oferta de meios de pagamento (resultado esperado: aceitar todas as bandeiras de cartão de crédito) – prazo: 20 dias úteis;

3. Dar mais informações sobre os produtos à venda (resultado esperado: Incluir comentários dos clientes sobre os produtos para pelo menos 20% dos produtos oferecidos na loja) – prazo 60 dias úteis

Cada tarefa, por sua vez, pode ser dividida em tarefas menores, departamentais, igualmente focadas em resultados e com prazos curtos para sua realização.

Não devemos definir tarefas muito complexas nas quais a equipe tenha pouca expectativa de realizá-las totalmente, por outro lado, não devemos definir tarefas facilmente executáveis. Ambas as situações desmotivam as equipes.

O sucesso em alcançar os resultados esperados pode ser usado como forma objetiva e mensarável de avaliação dos colaboradores. Por exemplo, se o resultado esperado era "reduzir o tempo de pagamento em 15 segundos" e foi conseguido reduzir em 10 segundos, isso implica que a tarefa foi realizada em apenas 66%.

A média das realizações do colaborador pode ser usada para o cálculo das suas eventuais bonificações anual.

Comparação entre metodologias

As metodologias tradicional e transformacional são alternativas a escolha das empresas. Empresas grandes e tradicionais podem ter dificuldades culturais para migrarem para metodologias mais modernas e inovadoras. Essa migração pode, e deve ser feita de forma paulatina, concomitantemente com a mudança de cultura e da forma de entender seus negócios. A tabela 11 compara as principais caracteríscas dessas duas metodologias.

Tabela 11: Comparação entre metodologias

Comparação entre Metodologias		
Características	**Tradicional**	**Transformacional**
Estado de desenvolvimento	Consolidada	Em desenvolvimento
Ferramentas e Técnicas	Ferramentas e técnicas conhecidas	Ferramentas e técnicas em maturação
Foco	Foco no passado para prever o futuro	Foco nas competências para enfrentar o futuro
Tempo	Demorado (3 a 6 meses)	Rápido(1-2 meses)
Escopo de planejamento	Validade maior que 3 anos	Valdade 1-2 anos
Aferição	Afere o esforço realizado	Afere o resultado gerado

Implementação de ações estratégicas

Peter Drucker, já nos anos 50, dizia: "O que não se pode medir, não dá para gerenciar", e criava metodologias como o APO (Administração por objetivos) e outras teorias de como ter um bom gerenciamento do desempenho da organização. Essas ideias evoluíram para o conceito de Balance Scorecard (BSC) criado no final dos anos 80, pelos professores de Harvard, Robert Kaplan e David Norton. Em 1996 o brasileiro Vicente Falconi Campos (Campos, 2013) lança a metodologia de Gerenciamento pelas Diretrizes. Mais recentemente vimos o surgimento das OKRs (*Objective Key Results*).

A partir das ações estratégicas geradas para toda a empresa, os setores da organização precisam detalhar as suas próprias ações setoriais. Cada setor deve definir como irá contribuir com cada uma das ações estratégicas da organização. Além de contribuir para as ações da organização, os setores devem ainda incluir ações específicas para melhorar a sua operação. Cada ação setorial, desdobrada das ações estratégicas, recebe a mesma nota da ação original. As ações incluídas pelo setor são classificadas de forma similar às ações estratégicas da organização, mas confrontadas não mais contra as dimensões estratégicas (Missão, Visão e Foco) e, sim, em relação ao Aumento de Receitas, Redução de Custos e Melhoria do Clima Interno.

Com todas as ações setoriais definidas, pode-se dar como terminado o trabalho de Planejamento Estratégico. A partir de agora, essas ações serão transformadas em planos de ações setoriais e acompanhadas no decorrer dos anos.

As ações estratégicas geradas no planejamento precisam ser acompanhadas para garantir que estejam sendo realizadas como planejadas. Os indicadores de desempenho e indicadores de acompanhamento estratégico são usados para verificar o andamento dos negócios e o cumprimento das ações estratégicas.

Independentemente do tamanho da organização ou tipo de negócio, os indicadores são necessários para acompanhar a eficiência, qualidade e efetividade do seu negócio.

Indicadores estratégicos (BSC e OKRs)

Alguns modelos de métricas e indicadores já adquiriram confiabilidade e abrangência de utilização que os tornam mais facilmente implementáveis. Vamos analisar os OKRs e o BSC.

OKRs – Objetives Keys Results

Nas empresas que crescem rápido, como as empresas de base tecnológica, os processos mudam rapidamente e exigem ações rápidas para aproveitar oportunidades de mercado ou uma tecnologia inovadora. Estabelecer objetivos estratégicos de muito longo prazo é impraticável dada a velocidade com que os mercados e as tecnologias se alteram

Os OKRs dão clareza nos objetivos da empresa, iterando de forma rápida para aprendizados contínuos e de forma simples e transparente para o gerenciamento da empresa e da equipe.

Essa metodologia de acompanhamento da gestão, criada pelo ex-CEO da Intel Andrew Grove visa simplificar a análise do atingimento dos objetivos principais de uma organização (*Key Objectives*). Esses objetivos devem refletir os objetivos estratégicos da organização. A cada objetivo são atribuídos resultados chaves (*Key Results*) que são os indicadores responsáveis para definir se o objetivo foi alcançado ou não, por exemplo:

Objetivo: Tornar-se a maior empresa no mercado
KR #1: Alcançar 10 mil clientes mensais
KR #2: Estar em 1º lugar no Google para uma palavra específica
KR #3: Entregar 1 milhão de produtos por mês

Os Objetivos devem ser claros e concisos para estarem sempre na memória de todos os colaboradores, já os Key Results são usados para indicar se o objetivo foi atingido até o final de período – normalmente trimestral para OKRs táticos e anual para OKRs estratégicos.

Exemplos de OKRs na área de Marketing:

Objetivo 1: Aumentar a base de leads
KR1: Aumentar em 10 os parceiros para link
KR2: Aumentar em 20% o número de leads gerados no mês até o final do ano
KR3: Gerar 2000 leads novos até o final o ano

Objetivo 2: Desenvolver a base de clientes
KR1: Aumentar para 85% os parceiros certificados
KR2: Ter pelo menos 10 parceiros por região certificados nas nossas tecnologias

Um dos aspectos mais interessantes dos OKRs é o fato do modelo não ser sistemático e com regras inflexíveis, como as metodologias de gestão tradicionais. De fato, a maior parte das organizações adaptam certos detalhes da metodologia para a realidade da empresa e seguem boas práticas e casos de sucesso de uma comunidade colaborativa cada vez maior. Suas principais diferenças e características são:

- Suas metas são definidas para um período de tempo mais curto;
- A clareza e a simplicidade dos objetivos e resultados permitem um alto engajamento do time;
- Os resultados-chave são reportados semanalmente, fazendo com que seja possível antecipar o final do trimestre e recuperar-se para alcançar a meta estabelecida;
- Prioriza a transparência. Todos os funcionários podem ver os OKRs da empresa.
- Os OKRs reforçam a cultura de gestão por dados, pois fazem com que as decisões sejam tomadas com base em dados concretos;
- Ao usar OKR, você medirá resultado e não o esforço das tarefas.

De nada adiantará ter planejado e realizado várias análises se a execução não for bem-feita. O acompanhamento das metas é a forma como sabemos se a execução está conforme o planejado.

Implantação dos OKRs

Assim, o primeiro passo da execução da metodologia é o corpo executivo definir os OKRs estratégicos anuais da empresa.

Após isso, temos os eventos que ocorrem todo trimestre. Com os OKRs estratégicos definidos, as áreas discutem quais são as suas prioridades no trimestre para auxiliar no alcance dos objetivos da empresa.

Feito isso é definido um cronograma de entregas e eventos de OKRs (veja Figura 9):

O primeiro evento é quando o diretor traz a visão da área para o trimestre, já alinhada com outras áreas da empresa para gerar sinergia ao trabalho;

O segundo evento é um seminário com os líderes dos times expondo a visão e alinhamento de cada time.

Baseado nesses dois primeiros eventos, os times elaboram um esboço dos OKRs que são apresentados na próxima etapa. Essa etapa é uma apresentação do esboço para toda área, onde os líderes apresentam o esboço dos OKRs e todos os membros da área podem questionar e dar feedbacks para melhorá-las.

O próximo evento é realizar os ajustes de acordo com os feedbacks recebidos deixando tudo pronto para o principal evento: a Apresentação de OKRs e Projetos.

Neste último evento são exibidos, para toda a empresa, os resultados do último trimestre, os OKRs do próximo trimestre e os projetos que farão a empresa atingir os resultados-chave.

Uma vez definidos os OKRs, é preciso que haja alguém responsável pela mensuração semanal de cada OKR da área.

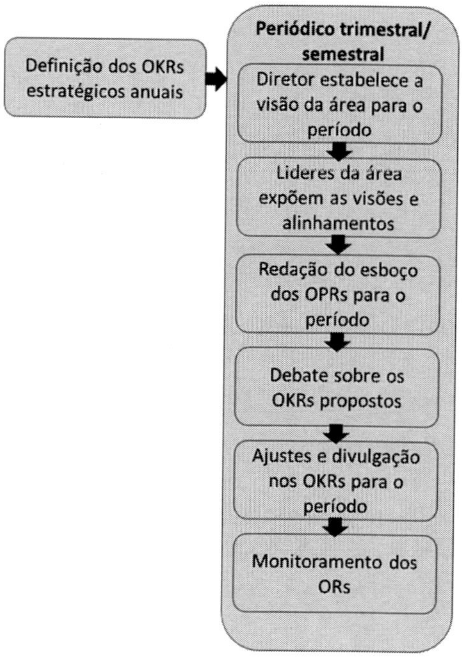

Figura 9: Processo de implantação de OKRs

BSC – Balance Scorecard

O *Balanced Scorecard*, originalmente criado por Robert Kaplan e David Norton em 1992, é uma ferramenta de acompanhamento das ações estratégicas que permite às organizações identificar, rastrear e medir seu desempenho. Baseia-se em quatro perspectivas gerais (financeira, cliente, processos internos e recursos/aprendizagem) que abrangem as principais áreas na visão estratégica de uma organização.

- **Perspectiva financeira** abrange as metas financeiras de uma organização e permite o acompanhamento do seu sucesso e da sua rentabilidade. Identifica as diversas fontes de receita da empresa sejam receitas provenientes de vendas novas para novos clientes ou vendas recorrentes;

- **Perspectiva do cliente** avalia as ações relacionadas ao público alvo, tais como satisfação do cliente, atendimento, qualidade do produto e/ou serviço etc.

Trata da relevância da Marca influenciada pelo nível de satisfação do cliente;

- **Perspectiva dos processos internos** são as metas operacionais internas e evidencia os principais processos necessários para atingir os objetivos do cliente. Detalha a responsabilidade e expectativa de cada área funcional;

- **Perspectiva de recursos/aprendizagem** cobre as ações relativas à infraestrutura (máquinas, equipamentos etc.) e aos colaboradores (motivação, crescimento profissional etc.)

O BSC parte do pressuposto que os indicadores financeiros são insuficientes para garantir que a empresa está caminhando na direção correta. É necessário medir também o desempenho junto aos clientes, dos processos internos e das pessoas, inovações e tecnologia.

Na implantação do BSC usa-se um Mapa Estratégico que descreva, de forma clara, a Estratégia através de Objetivos vinculados entre si e distribuídos nas quatro dimensões. Cada objetivo terá de um a dois indicadores associados, com metas e planos de ação a ele vinculados.

A disposição das informações no Mapa oferece uma visão integrada, dos três elementos fundamentais para uma gestão harmoniosa e previsível:

- **Foco:** Cada área da empresa visualiza suas responsabilidades e as expectativas.

- **Sinergia:** Cada área entende sua importância dentro do planejamento estratégico da empresa.

- **Controle:** Explicita métricas bem definidas, que podem estar atreladas à remuneração variável e o bônus ao desempenho dos colaboradores.

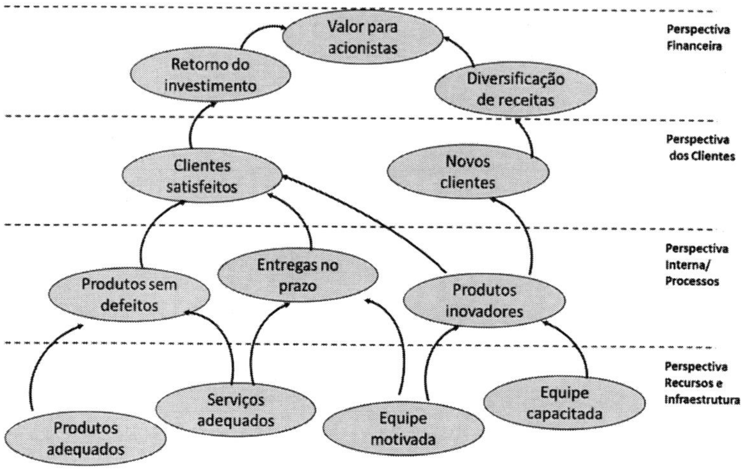

Figura 10: Modelo genérico de Mapa Estratégico

Conceito de KPI

Os indicadores de desempenho são instrumentos para auxiliar na gestão empresarial. Esses indicadores, também são conhecidos como KPIs (sigla em inglês para *Key Performance Indicator* - Indicadores-Chave de Desempenho, em português), são ferramentas e técnicas de gestão tradicionais utilizadas pelas organizações para medir e avaliar o desempenho de seus processos e assim buscar formas mais eficazes e eficientes possíveis de realizar as tarefas operacionais e assim atingir os objetivos estratégicos.

Quanto mais complexa for a organização, maior a dificuldade de se medir as etapas e processos separadamente. Isso porque, em alguns casos, o resultado financeiro pode ser aceitável (em termos de faturamento e de lucratividade), mas podem existir atividades que não estejam contribuindo para o sucesso da empresa. Os KPIs podem ser a) qualitativos; ou, b) quantitativos

KPIs Qualitativos

Os indicadores qualitativos medem grandezas naturalmente subjetivas, do tipo "O cliente gostou ou não?", e são geralmente coletados através de questionários ou entrevistas, também subjetivas. As respostas podem ser do tipo "Sim" ou "Não" ou representadas através de uma métrica de percepção do avaliador (por exemplo, uma graduação de "0" a "5" sendo "0" totalmente insatisfeito e "5" totalmente satisfeito)

KPIs Quantitativos

Diferente dos indicadores qualitativos, os quantitativos são objetivos e normalmente numéricos, tais como "quantidade de vendas no mês", "volume de entregas", todavia, mesmo sendo objetivos e numéricos é preciso avaliá-los com precisão.

Definição de KPIs

Para se definir os KPIs é preciso utilizar algum tipo de metodologia para garantir que eles estejam medindo atividades relevantes para o sucesso da organização. Sugerimos a metodologia de definição de objetivos chamada SMART (*Specific, Measurable, Attainable, Relevant e Time-bound*) que na tradução para o português significa: Específico, Mensurável, Atingível, Relevante e Temporizável.

Seja o exemplo de objetivo: "*aumentar o ticket médio por cliente em 35%, mensurado por meio de software financeiro, em um prazo de 2 anos*".

(S) Específico: ticket médio por cliente;
(M) Mensurável: medido por meio de software financeiro;
(A) Atingível: lançamento de novos benefícios para agregar valor ao produto/serviço;
(R) Relevante: o aumento do ticket médio permite maior saúde financeira para a empresa;
(T) Temporizável: durante dois anos.

Definição de metas do KPI

As metas são objetivos menores que ajudam a construir um caminho para atingimento de cada objetivo maior. Contribuem para mensuração de cada uma das etapas, possibilitando medidas contingenciais caso não atingidas ou parcialmente atingidas, por exemplo, são metas:

- Elevar o ticket médio total da base em 1,5% ao mês;
- Validar novos contratos e valores de produtos ou serviços para refletir no objetivo;
- Validar com os clientes e possíveis clientes se o valor agregado dos novos benefícios é refletido no aumento de preços repassados aos novos clientes.

Principais indicadores de desempenho KPI:

Relacionamos a seguir alguns KPIs tradicionalmente usados por empresas.

Indicadores de desempenho de produtividade: São indicadores relacionados à quantidade de entregas que o processo faz em determinado período.

Indicadores de desempenho de qualidade: São obtidos pela relação do número de entregas totais com as entregas sem desvios ou defeitos. Visam identificar a queda na qualidade dos produtos/serviços.

Indicadores de desempenho de capacidade: Medem a quantidade máxima de entregas que poderá ser realizada em determinado período de tempo.

Indicadores de desempenho estratégico: estão diretamente relacionados ao planejamento estratégico e mostram o quanto a empresa está trabalhando em direção a esses objetivos.

Outros indicadores de desempenho são:

Indicadores de desempenho de eficiência: mostram como os produtos/serviços foram feitos, se houve desperdícios, desvios ou atrasos. Mostra se o processo foi feito da melhor maneira e ao menos custo para a organização.

Indicadores de desempenho de eficácia: mede a relação entre o resultado alcançado e o que era desejado

Indicadores de desempenho de efetividade: indicam se foi entregue o que foi pedido e se isso foi feito da maneira mais vantajosa para a empresa.

Indicadores de desempenho de competitividade: comparam o desempenho da organização com a da concorrência.

Indicadores de desempenho de valor: mostram a relação entre o valor percebido pelo cliente (aquele que ele está disposto a pagar) e o valor efetivo dos custos do produto/serviço.

Indicadores de desempenho de lucratividade: mostram a relação entre as vendas totais e o lucro, na forma de porcentagem.

Indicadores de desempenho de rentabilidade: mostram a porcentagem do investimento que se transformou em lucro.

Indicadores de Time to Market: medem o tempo para o lançamento de um produto, desde a idealização do conceito até a disponibilidade para venda.

Indicadores de Lead Time: medem o tempo de duração de um determinado processo.

Indicadores de Stock Out: contabilizam o número de vezes ou dias em que um item de estoque teve seu saldo zerado.

Indicadores de Market Share: indicam a fatia de mercado conquistada por um produto durante um determinando período.

Indicadores de Ociosidade: mostram a porcentagem de tempo em que um recurso da organização (máquina, equipe ou unidade de negócio) ficou sem produzir.

Indicador de Giro de Estoque: mostra a relação direta entre consumo (ou saída) e saldo médio em estoque.

Indicador de Turnover: mostra a taxa de substituição de funcionários, corresponde à diferença numérica entre admissões e demissões.

Indicador Tíquete-Médio: resultado do total de receita dividido pelo total de vendas.

Capítulo 3

Gestão transformadora

A gestão transformadora diz respeito a como a organização é conduzida no seu dia a dia. As preocupações dos gestores modernos devem estar em quatro dimensões: Eficiência, Eficácia, Bem-estar e Equilíbrio Sistêmico, como mostrado na Figura 11. Cuidando dessas dimensões, a organização cuidará, indiretamente, de todas as suas áreas tradicionais (vendas, financeira, produção, recursos humanos etc.), mas de maneira coesa e sinergética. Os silos organizacionais, que não conversam entre si, chegam ao fim. Finalmente!

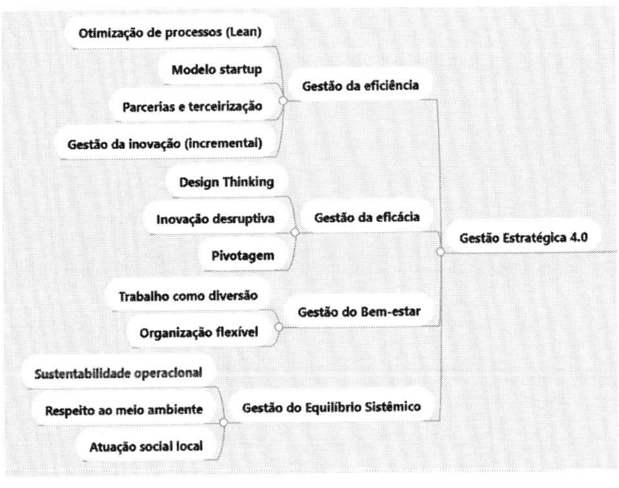

Figura 11: Mapa mental da gestão transformadora

Gestão da eficiência

Gerir a eficiência da organização significa produzir o máximo com o mínimo de recursos. É imperativo que se faça apenas o que é realmente relevante para o cliente, eliminando (ou terceirizando) tarefas e atividades que não agreguem valor do produto/serviço, ou que gerem desperdícios e perdas. As ferramentas que sugerimos para aumentar a eficiência da operação são: Metodologia Lean; Modelo de Startup; Terceirização/parcerias; e Inovação Incremental.

Metodologia Lean

O Lean é uma filosofia de gestão que busca reduzir desperdícios enquanto aumenta a produtividade dos processos e a qualidade do produto/serviço. Baseada nas ideias do executivo da Toyota, Taiichi Ohno, criada logo após o final da Segunda Guerra Mundial, cujo objetivo inicial era reerguer a empresa após toda a destruição que o Japão sofreu[1].

Essa metodologia é, na verdade, um conjunto de boas práticas, cujo objetivo principal é eliminar todos os tipos de desperdícios (de tempo, de insumos, de mão de obra, de energia etc.) nos processos da organização. Isso exige rever os processos e, principalmente, a maneira como eles são gerenciados. Exige ainda o comprometimento de todos para que identifiquem as oportunidades de melhoria e gerem ganhos sustentáveis na produção.

As ações decorrentes da aplicação da metodologia Lean, na organização, devem estar alinhadas com a premissa de gerar valor para o cliente. A partir dessa premissa, serão criadas mudanças nos processos e na maneira como o trabalho é organizado. O foco do Lean é no consumidor final. O seu propósito é criar valor para o cliente. Para isso, é preciso o envolvimento de toda a organização, desde a alta administração até as equipes operacionais.

O Lean é orientado à maximização dos resultados e ao envolvimento das equipes em busca da melhoria contínua. Esta metodologia propõe uma estratégia de negócios voltada, sobretudo, à satisfação do cliente, mas sempre em busca de melhorias e da correção dos erros que eventualmente aparecem na produção. Identificar problemas e saber como resolvê-los é outra premissa da filosofia Lean. O que toda organização busca é atender bem seus clientes, otimizando custo e tempo e reduzindo desperdícios.

A mudança começa quando todos conseguem enxergar o processo, analisar cuidadosamente cada etapa e identificar gastos e esforços desnecessários. Os princípios da metodologia Lean são[2]:

---

[1] WOMACK, James T; JONES, Daniel T., ROOS, Daniel. The Machine That Changed the World: The Story of Lean Production

[2] ROTHER, M., SHOOK, J., Learning to See, Lean Enterprise Institute, junho de 1999.

- **Valor**: Identificar o que é valor sob a perspectiva do cliente. Essa é a premissa básica para começar qualquer mudança. É preciso saber o que seu público quer, pois é ele quem define o valor da entrega da sua organização.

- **Fluxo de valor**: Identificar as etapas que agregam valor ao produto/serviço e redefinir os processos eliminando o que for desperdício, ou seja, o que não agrega valor ao cliente.

- **Fluxo Contínuo**: Consiste em estabelecer um fluxo contínuo (sem interrupções) de suprimentos para realizar as atividades. A ideia é atender as necessidades do cliente de forma rápida, reduzindo etapas, esforços, tempo, eliminando estoques reguladores (que é um dos desperdícios da organização).

- **Qualidade total** - ir em busca do "zero defeito" (*kaizen*), da detecção e solução dos problemas em sua origem. O uso do diagrama A3 e da metodologia Gemba ajuda a identificar o problema e buscar sua causa-raiz de forma rápida e definitiva.

- **Minimização do desperdício** - eliminação de todas as atividades que não agreguem valor ao produto/serviço, e a busca pela otimização do uso dos recursos escassos (capital, pessoas, tempo e espaço).

- **Melhoria contínua** – ações contínuas para a redução de custos, melhoria da qualidade, aumento da produtividade e compartilhamento da informação.

- **Produção puxada**: produzir apenas aquilo que o cliente contratar. O objetivo é tentar reduzir drasticamente qualquer tipo estoque (insumos ou produtos). A produção puxada é um dos três componentes principais de um sistema de produção *Just-In-Time*.

- **Flexibilidade** - produzir rapidamente diferentes lotes de grande variedade de produtos sem comprometer a eficiência. A automação e robotização da linha de produção é um importante auxiliar na tarefa de dar mais flexibilidade à produção sem aumentar seus custos.

- **Relação com fornecedores** – construir e manter uma relação de longo prazo com os fornecedores, fazendo acordos para compartilhar o risco, os custos e as informações sobre a produção.

Resumindo, Lean é basicamente tudo o que se refere à obtenção de materiais corretos, no local correto, na quantidade correta, minimizando o desperdício, sendo flexível e aberto a mudanças.

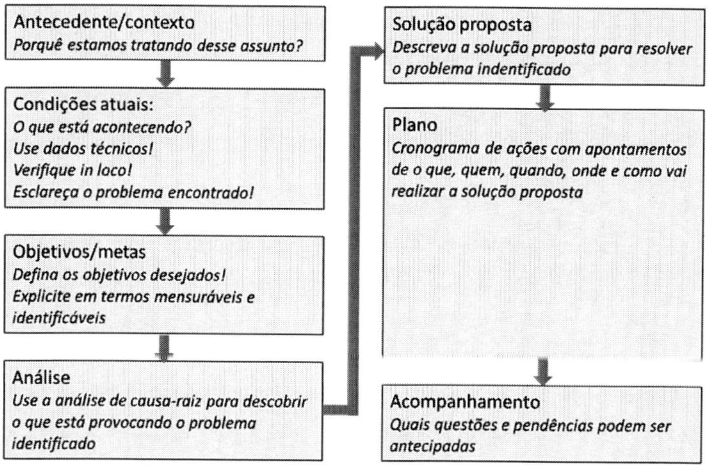

Figura 12: Diagrama A3

Uma das ferramentas usadas pela metodologia Lean é o diagrama **A3**, mostrado na Figura 12, que é um processo de gestão de problemas, baseado em uma folha de papel no tamanho A3, usado para resolução de problemas. Funciona como um gerador de oportunidades para o seu negócio.

A folha de papel é dividida em duas partes: o lado esquerdo serve para identificar o problema, e o lado direito, as possíveis soluções. Ela destaca um diálogo entre as lideranças e as equipes envolvidas no problema em questão.

Para preencher o diagrama A3, é preciso fazê-lo, na sequência, completando os seus sete campos:

1. **Antecedentes/contexto**: Descreva o motivo para estar tratando e analisando o caso específico. Parou a produção? Houve algum acidente? Foi descoberto

um defeito no produto entregue ao cliente? Quebrou alguma máquina? Precisa reduzir custos? etc.

2. **Condições atuais**: Descreve o que está acontecendo de fato. A descrição deve ser baseada na observação *in loco* do problema, com dados reais, confiáveis, e com o testemunho dos colaboradores da área: O que aconteceu? Quando? Quem estava operando? Que esforço foi aplicado? Como estavam as condições de uso ou operação? etc. (Use a ferramenta GEMBA, mostrada a seguir).

3. **Objetivos/metas**: Descreva os seus objetivos com a análise que está fazendo. Estabeleça objetivos claros, concisos e facilmente mensuráveis;

4. **Análise**: Descreva os resultados dos estudos feitos por você para o problema. Use diagramas de causa-efeito para determinar a causa-raiz do problema.

5. **Soluções propostas**: Sabendo qual é a causa-raiz, pode-se estabelecer soluções definitivas para o problema. Essas soluções devem ser descritas detalhadamente nessa seção.

6. **Plano**: O plano de implementação da solução escolhida deve ser detalhado, indicando o que, quem, quando, onde e como será realizada cada atividade da solução.

7. **Acompanhamento**: No acompanhamento, devemos antecipar as questões e propor respostas às perguntas que poderão ser feitas durante, e depois, da implantação da solução.

Outra ferramenta importante para a metodologia Lean é a **Gemba** (veja o significado dessa sigla na Figura 13). Trata-se de uma técnica para reconhecer o problema no lugar onde ele aconteceu. Ela propõe que os líderes se juntem às equipes, onde e quando ocorrer um erro, e que produzam conjuntamente uma solução para este erro (usando o Diagrama A3). Essa abordagem leva as pessoas a entenderem o problema no local onde ocorreu e, a partir da sua própria observação, criar uma solução baseada em fatos observáveis e na opinião dos colaboradores que estão envolvidos com a operação. Essa técnica agiliza a solução de problemas, reduzindo tempo e esforços na sua solução.

G E M B A

Analyze - Analise os dados coletados inclusive as pessoas que trabalham no local

Be respectful –seja respeitoso com os trabalhadores do local

Muda, Mura, Muri – Descubra formas de eliminar o desperdício

Engaje – Faça perguntas (use os 5W's) para entender o que está acontecendo

Genchi Genbutsu - ~Vá e veja com seus próprios olhos, o problema!

Figura 13: Significado de GEMBA

Estudo de caso – Faculdades San Marti

A Faculdade San Marti é uma tradicional escola de Ciências Sociais e Humanas do nordeste brasileiro, com mais de 50 anos de atividade e cerca de 7.000 alunos. Sua Secretaria Geral trata de toda a documentação da escola, dos cursos e dos alunos, sendo responsável por emitir os diplomas dos concluintes. Três grandes processos acontecem na Secretaria Geral e consomem boa parte da energia e do tempo da área: a) Ingresso de novos alunos; b) Emissão de diploma para os concluintes; e c) Registro dos Projetos Pedagógicos dos cursos. Cada um desses processos era executado por equipes exclusivas, com cerca de cinco pessoas cada.

Na primeira análise feita desses processos, ficou evidente que os seus picos de trabalhos ocorrem em momentos diferentes, ou seja, o ingresso de alunos tem uma sobrecarga no início dos semestres, a emissão de diploma, logo após o final dos semestres, e o registro dos projetos pedagógicos pode ocorrer a qualquer momento. Com essa constatação, passou-se a rever todos esses processos para que eles possam ser executados por uma única equipe. As três equipes foram reunidas em um workshop de final de semana para avaliarem cada atividade de cada processo e eliminarem aquelas que não agregavam valor ao resultado final (muitas aprovações meramente burocráticas foram eliminadas). Depois, foram identificadas as atividades comuns a esses processos para que fossem padronizadas e unificadas. A última etapa do trabalho das equipes foi estabelecer indicadores e métricas de desempenho. Por fim, os processos revisados foram documentados e uma agenda padrão, semestral, foi estabelecida para que uma mesma equipe pudesse executar os três processos. Das cerca de 15 pessoas que trabalhavam no setor, ficaram 10 e as outras 5 foram deslocadas para outras áreas da instituição. O tempo de registro de novos alunos e de emissão de diplomas foi reduzido em quase 50%, os projetos pedagógicos e planos de aula passaram a estar disponíveis, para consulta, em até duas semanas depois do início das aulas.

Com a experiência adquirida neste projeto, todos os demais setores da instituição passaram por revisão e simplificação dos seus processos internos, gerando uma redução de custos operacionais de cerca de 5% no primeiro ano.

Modelo startup

As empresas em estágio de startup estão ensinando coisas novas para as empresas já estabelecidas. A principal lição, notadamente para as grandes empresas brasileiras, é que, se não ficarem atentas, as startups tomarão seu mercado! Parece exagero? Não é!

As startups têm algumas características operacionais fundamentais para o sucesso no século XXI:

- **São ágeis** para aproveitarem oportunidades de negócio e para se adaptarem às exigências do mercado;
- **São audaciosas** para tentarem propostas inovadoras;
- **Estão atentas** ao desenvolvimento científico (muitas delas nasceram dentro das universidades ou próximas a elas).

Essas características são naturais quando a empresa é pequena e seus sócios não dependem tanto dela assim. Ao crescerem, elas podem perder essas características e se tornarem empresas do modelo tradicional. Todavia, as grandes e novas empresas bem-sucedidas (Amazon, Facebook, Google etc.), cresceram mantendo seus hábitos iniciais: a Amazon, até hoje, usa mesas construídas sobre cavaletes de madeira; a Google e o Facebook tratam seus milhares de colaboradores da mesma forma que tratavam seus primeiros fundadores. Essas empresas não só criaram um novo mercado, mas também criaram uma nova forma de gerenciar seus negócios.

Seria ingenuidade propor que as grandes empresas assumissem a postura "startup" descrita acima. Elas têm acionistas, conselhos, auditorias e outras estruturas de controle que trabalham exatamente ao contrário de uma startup. O medo de errar (e ter que explicar o erro para um Conselho de Administração, nem sempre compreensível e amigável) faz com que elas só lancem novos produtos, e serviços, quando não há dúvidas quanto ao sucesso, normalmente, depois que outras empresas lançaram e obtiveram bons resultados.

No entanto, algumas áreas das grandes empresas podem assumir uma postura operacional mais "startupeira". A área de TI voltada a produtos e serviços, a área de marketing e a área de RH são algumas que poderiam se modernizar e operar tal e qual as startups. Nesses casos, teríamos, respectivamente, sistemas com melhor relação *time-to-market* e maior sintonia com os usuários; as peças de publicidades seriam mais inovadoras e marcantes; e o clima organizacional seria muito mais leve e descontraído (essencial para que haja inovação na empresa).

A mudança de estilos gerenciais numa grande empresa, ou mesmo numa pequena empresa mais tradicional, é difícil e precisa, necessariamente, do envolvimento e total concordância do principal executivo. Sem o apoio efetivo dele, essas mudanças não ocorrerão. Muitos colaboradores não gostarão das novidades e agirão para dificultar a mudança. Eventualmente, esses colaboradores terão que ser deslocados para outras áreas, ou, até mesmo, dispensados. Toda mudança é dolorosa e tentar minimizar essa dor leva a postergar ações importantes, atrasando a evolução e a transição para o século XXI.

Parcerias e terceirização

A terceirização de serviços e processos é um meio rápido de ganhar eficiência operacional. Pode-se até reduzir custos nos processos envolvidos, mas a redução de complexidade da empresa e da quantidade de pessoas são ganhos maiores que a eventual redução de custos diretos.

A terceirização, para ser eficiente, exige que sejam estabelecidas relações de confiança e parceria entre as empresas. Da parte da empresa contratada, é esperado o engajamento no processo de melhoria contínua da própria empresa contratante, e na busca de soluções e ideias que possam gerar novos produtos e serviços para ela.

Do ponto de vista da empresa contratante, a terceirização exige uma maior aproximação com a empresa contratada para informá-la das necessidades e planos futuros, dando-lhe tempo e oportunidade para contribuir com ideias e soluções inovadoras.

A tendência, no mundo das empresas, a médio e longo prazo, é que seja formada uma rede de médias, pequenas e microempresas (eventualmente até individuais) que prestam serviços para outras empresas, que, por sua vez, prestam serviços para outras maiores, e assim sucessivamente. Cada empresa oferecerá serviços e produtos altamente especializados e com custos competitivos.

A automação em larga escala reduzirá a demanda por trabalhadores braçais (substituídos por robôs) e pela média gerência (substituída por sistemas de gestão inteligentes e autônomos), assim, restará a contratação de profissionais altamente especializados, que não foram alcançados pela automação. Esses profissionais, por serem escassos e caros, deverão constituir as pequenas empresas que serão contratadas por várias outras empresas, simultaneamente.

A diferença entre a terceirização, comumente adotada, e uma rede de empresas, é que, nesse novo cenário, parte importante da empresa contratante estará nas mãos de outras empresas terceirizadas, que, por sua vez, também terão parte de sua operação nas mãos de outras. Essa cadeia integrada de suprimentos e serviços permitirá ganhos em todos os seus pontos, reduzindo custos, melhorando a qualidade e aumentando a velocidade de entrega de produtos e serviços aos clientes.

Exemplificando: Imagine um fisioterapeuta organizacional, que presta serviço para uma empresa de terceirização de Recursos Humanos, que, por sua vez, presta serviços para uma empresa que produz motores elétricos, a qual tem como cliente um fabricante de plataforma mecânica para carros elétricos, que é usada por uma montadora para produzir seus carros elétricos. O fisioterapeuta, do exemplo, conhecendo as exigências laborais de toda a cadeia de suprimento envolvida, pode desenvolver uma solução inovadora que aumenta o bem-estar dos funcionários da empresa de motores (por ser cliente da empresa que usa os serviços do fisioterapeuta). Assim, aqueles trabalhadores produzirão motores de melhor qualidade, que poderão ser instalados nas plataformas de modo mais eficiente, levando a carros elétricos mais baratos e econômicos. Essa cadeia de causas-efeito só pode ser efetivamente aproveitada se todos os envolvidos estiverem engajados em melhorar continuamente os seus produtos/serviços. Novamente, no nosso exemplo, o fisioterapeuta poderia não ter desenvolvido a sua nova metodologia, ou sua empresa poderia não ter tido coragem de fornecer esse novo serviço a seus clientes etc.

Mas a terceirização pode reduzir custos? Claro que sim. Um colaborador especializado, que trabalha para uma empresa da sua área de especialização, estará mais motivado e feliz do que se trabalhasse numa outra empresa, sem relação com sua especialidade. Com isso, ele poderá ser mais produtivo e entregar uma maior quantidade de serviço pelo mesmo salário. Outro exemplo: Um desenvolvedor de sistemas altamente qualificado, trabalhando numa empresa de construção civil, não terá para onde crescer profissionalmente dentro da área de programação, exceto se partir para a área de gerência (para a qual não foi capacitado e nem tem interesse). Por outro lado, esse mesmo desenvolvedor, trabalhando numa empresa de software que presta serviços para outras empresas, não só terá mais oportunidade de crescimento salarial e profissional, como encontrará um ambiente mais dedicado e compreensível com suas necessidades. Ele estará mais feliz, trabalhará melhor e de forma mais eficiente, sendo então, no final, mais barato que o mesmo empregado na empresa de construção civil.

Resumindo, a terceirização permite reduzir custos, mas, principalmente, ela reduz a complexidade da empresa contratante e pode melhorar a sua capacidade de inovação.

Gestão da inovação

A inovação é a mola propulsora do século XXI. Se não inovar sistematicamente, uma empresa acaba sendo solapada pelos seus concorrentes e termina saindo do mercado. Todavia, manter uma cultura inovadora na empresa pode ser uma fonte de despesas sem retorno para os acionistas. Para que a inovação seja eficiente, ou seja, para que ela gere resultados maiores que seus custos, é preciso que haja um processo bem construído de gestão de inovação.

O ciclo de inovação, numa empresa, precisa contemplar as atividades de: a) captura de ideias; b) avaliação da viabilidade técnica; c) prototipação; d) avaliação da viabilidade comercial; e) pivotagem; f) lançamento; e g) acompanhamento dos resultados pelos próximos anos. É um processo longo, que precisa ser feito rapidamente, e com o menor custo possível. É preciso detectar, precocemente, ideias que não terão sucesso se lançadas no mercado (em outras palavras, errar rápido e aprender rápido – *fail fast, learn fast*).

O processo de gestão de inovação pode ser visto no diagrama da Figura 14. No diagrama, vemos que as ideias podem nascer dentro da própria organização ou virem de fora dela (academia, fornecedores, concorrentes, clientes, empresas de outros ramos de negócio etc.). Toda ideia precisa ser analisada rapidamente para eliminar aquelas com baixa possibilidade de sucesso (a ideia parece ser promissora?).

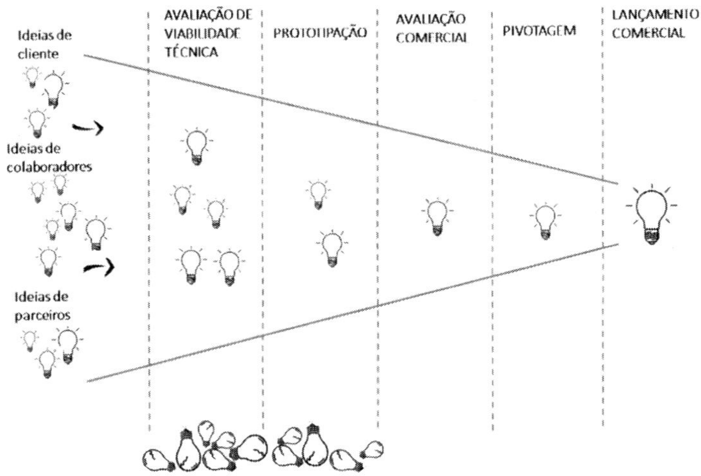

Figura 14: Processo de inovação

As que passaram pelo primeiro filtro precisam ser novamente analisadas quanto a sua viabilidade técnica (temos condições técnicas para executá-la?), sinergia com os demais produtos da organização (ela aproveita parte do que já fazemos?), capacidade de ser criada (temos as competências necessárias para desenvolver a ideia?).

Depois de passar por todos esses filtros, a ideia poderá receber investimentos internos para a construção de um protótipo operacional e de baixo custo (MVP – *Minimum Viable Product),* que permita testar a ideia junto a um subconjunto de clientes. As sugestões e comentários desses clientes devem ser usados para melhorar o protótipo, para que seja novamente submetido a outro subconjunto de clientes. Esse ciclo (chamado de pivotagem) se repete até não haver mais novas contribuições relevantes para agregar ao produto/serviço. Nesse momento, ele está pronto para ser parte de um plano de negócio detalhado, que será submetido à alta direção da organização, para conseguir os recursos necessários, e se tornar o mais novo produto/serviço a ser oferecido ao mercado.

A principal estratégia das empresas emergentes é a criação de mercados inexistentes. Parafraseando Peter Ducker: "Melhor que prever o futuro, é criá-lo". As empresas de tecnologia, de qualquer porte, fazem isso continuamente. Antes não existia a necessidade de um smartphone, até a Apple criá-lo. Não usávamos WhatsApp, até ele surgir no mercado. As empresas que estão se transformando digitalmente podem ter dificuldades iniciais para inovarem de forma tão radical, como as empresas nativas desse modelo, mas ainda há muito para se inovar.

Uma forma de inovar com baixo risco (principalmente para empresas tradicionais) é explorar o que se tem e se conhece. Podemos oferecer nossos produtos em mercados que não abordamos ainda? Podemos criar variações do produto para usá-lo e aplicações não pensadas antes? Para responder a essas perguntas, precisamos de muita imaginação e liberdade para propor ideias que podem parecer malucas.

Podemos começar avaliando as possibilidades de entrar com os mesmos produtos em novos mercados. Além da expansão do mercado atual (por exemplo, oferecer em outras cidades ou países, ou oferecer um produto em e commerce), podemos pensar em explorar novos clientes na mesma área geográfica, por exemplo, é possível uma barbearia atender mulheres? Uma joalheira poderia explorar o mercado masculino ou de pets?

Outra classe de oportunidades nasce da criação de novos usos para os produtos já existentes. Explorar essas novas aplicações, mesmo que sejam necessárias algumas mudanças no produto, cria uma nova fonte de receitas. Um exemplo é o caso da cortiça, originalmente usada para tampar garrafas de vinho, que se transformou em painéis para fixação de recados. Outro exemplo é avião, incialmente usado para lançar bombas, foi posteriormente adaptado para lançar defensivos agrícolas em grandes lavouras. Ou ainda, a motocicleta usada nas fazendas para pastorar gado no lugar do cavalo.

Estudo de caso- Norvinco

Fundada em 1997, a Norvinco Indústria de Embalagens do Nordeste (www.norvinco.com.br) desenvolve e produz caixas de papelão para diversos usos. Em 2017, o CEO da empresa atentou para o fato de que as caixas de isopor usadas nas embalagens de produtos refrigerados são de difícil armazenamento e de difícil reciclagem, provocando impactos de longo prazo no meio ambiente. Passou, então, a buscar uma forma de produzir caixas de papelão que fossem térmicas, tais como as de isopor, mas que pudessem ser desmontadas e recicladas. Depois de muita pesquisa interna, foi escolhida a lã de PET (lã criada com a fiação de garrafas PET) para formar a parte interna das caixas de papelão (o papelão dá a rigidez estrutural da caixa e a lã de PET o isolamento térmico). O resultado foi a Caixa Ecotérmica, que alia a facilidade de armazenamento e transporte das caixas de papelão desmontáveis, com a capacidade (melhorada) de isolamento térmico das caixas de isopor. Pela inovação, a empresa recebeu vários prêmios, mas principalmente ampliou o leque de clientes, passou a atender outros países e teve sua receita aumentada significativamente, graças ao novo produto.

Ladrões de eficiência

Existem outros ladrões de eficiência que os gestores das organizações devem combater. Eles são as reuniões improdutivas, os processos burocráticos sem sentido e os mecanismos de controle que custam mais caro que os objetos que controlam.

Reunião improdutiva é uma das maiores pragas que corroem a produtividade das empresas. Reunião só deve acontecer se for para discutir e decidir algo em conjunto e apenas pelas pessoas que, de fato, podem colaborar na discussão. Reuniões de alinhamento de informações ou de divulgação podem ser substituídas por outros canais de comunicação (e-mail, mural, portal eletrônico etc.).

A convocação para a reunião deve ser feita apenas para as pessoas que, de fato, precisam estar presentes, pelas contribuições que podem dar ao tema. A convocação deve ser feita através de uma pauta detalhada e enviada com antecedência mínima para que todos se preparem e reflitam sobre os temas da reunião.

Os horários de início e término devem ser rigorosamente respeitados para não punir os pontuais. Caso o tema em discussão não tenha sido esgotado até o horário de término, uma nova reunião deverá ser convocada para outra data, mas o horário não deve ser prorrogado. Ao final, deve-se produzir uma ata com as decisões tomadas, atribuição de responsabilidades e prazos para a realização das tarefas definidas na reunião.

Criar um período de descontração durante o dia (o tradicional "cafezinho"), e aproveitá-lo para divulgar notícias e colocar temas em discussão, pode substituir boa parte das reuniões e ainda melhorar o clima organizacional.

Os processos meramente burocráticos, sem que tragam qualquer benefício para a empresa, ou para o cliente, devem ser eliminados. A busca de eficiência nos processos já é um objetivo da metodologia Lean, mas reforçamos aqui a necessidade de eliminar outras atividades de controle que são meramente burocráticas, que não trazem benefícios reais para a organização.

Uma forma de avaliar se uma atividade de controle é útil, é analisando o seu custo anual e compará-la com o benefício que ela trouxe para a empresa nos últimos 12 meses. Se ela custou mais que o valor dos erros ou fraudes que descobriu, ou evitou, não vale a pena ser mantida. Eliminando atividades de controle, a empresa fica mais leve e ágil. Acreditando nas pessoas, elas retribuirão a confiança dada com um comportamento mais eficiente também.

Precisamos acabar com a cultura do "quebra molas". No Brasil, temos o hábito, tanto nas empresas como nos governos, de colocar "quebra-molas" para punir uns poucos infratores, mas, ao mesmo tempo, punimos todas as pessoas corretas. Esses mecanismos de controle crescem com o tempo e, mesmo depois de terem perdido a razão de ser, continuam consumindo recursos e energia das empresas. Periodicamente, devemos questionar a validade de atividades de controle em todos os processos da organização.

Gestão da eficácia

Enquanto buscamos a eficiência, devemos também nos preocupar com a eficácia. Não adianta fazer rapidamente o que não deveria estar sendo feito. Eficácia é isso: fazer o que é certo!

No caso das empresas que se propõem a enfrentar os desafios do século XXI, a eficácia tem relação direta com o valor que se pode agregar ao cliente e com o comportamento da organização em relação ao meio ambiente e à sociedade onde está imersa.

A eficácia organizacional pode ser buscada através de ferramentas como o *Design Thinking*, a inovação desruptiva e a pivotagem de produtos.

Design Thinking

Design Thinking é uma maneira de buscar soluções inovadoras e criativas, focadas nas necessidades reais do mercado. Não é propriamente uma metodologia, mas uma forma, coletiva e colaborativa, de abordar a busca de solução para um problema. Essa busca é centrada nas pessoas envolvidas com o problema (*stackholders*) e não só no consumidor final.

Essa ferramenta parte do levantamento das necessidades reais dos consumidores mesclado com as experiências dos *stackholders* para identificar as barreiras culturais e normativas, e, assim, propor soluções mais completas e mais "humanas".

O processo de *design thinking* pode ser sintetizado nas seguintes etapas:

1. Identificar onde podemos encontrar inovação (**indicação**) – Pressupõe conhecer completamente o ambiente, as capacidades das equipes, os concorrentes, o mercado etc. Conhecendo bem o ambiente, podemos descobrir soluções que poderão encantar o cliente. Nessa etapa, produzimos o *briefing* dessas soluções, mas de maneira vaga e superficial para não limitar as contribuições dos participantes.

2. Descobrir as possibilidades de inovação (**inspiração**) – Decorre naturalmente da etapa anterior. Nessa etapa, é importante a criação do maior número de ideias, pois uma ou outra pode ser o caminho para um produto/serviço inovador e até revolucionário.

3. Desenvolver a solução inovadora (**ideação**) – Desenvolver a ideia com base nas necessidades e percepções de valor dos clientes. Construa um protótipo para validar se a ideia atinge realmente as necessidades do cliente. O protótipo deve ser o de menor custo possível (MVP – *Minimum Viable Product*).

4. Lançamento (**Implementação**) – Após os testes, e os ajustes decorrentes das sugestões dos clientes, o produto/serviço já está pronto para ser lançado no

mercado. Mesmo depois de lançado, ele poderá receber melhorias e evoluções.

O design thinking coloca o design a serviço da utilidade e das necessidades do cliente. Todavia, o produto criado precisa, além de ser desejável pelo cliente (design), ser tecnicamente viável e financeiramente rentável para a empresa. Para isso, a equipe de projeto deve ser formada por profissionais de várias áreas, perfis e formação profissional diferentes, para levantarem ângulos diferentes do problema apresentado e da solução sugerida.

A Tabela 12, a seguir, mostra para cada uma das etapas, os recursos e as ferramentas usadas no Design Thinking

Tabela 12: Roteiro de Design Thinking

<table>
<tr><td colspan="2">Indicação</td></tr>
<tr><td colspan="2">Desafio: Como ser desejável pelo consumidor, rentável para a empresa e viável tecnicamente?</td></tr>
<tr><th>Objetivo</th><th>Tarefas</th></tr>
<tr><td>Apresentar o objetivo do projeto sem limitar a inovação e sem perder o foco</td><td>• Montar uma equipe multidisciplinar, com membros de todas as áreas da empresa;
• Apresentar o escopo do projeto;
• Negociar as métricas de avaliação de cada etapa,
• Definir os valores dos indicadores que farão abandonar o projeto;
• Determinar a data limite para o projeto terminar;</td></tr>
</table>

<table>
<tr><td colspan="2">Inspiração</td></tr>
<tr><td colspan="2">Desafio: O que é uma grande experiência de consumo para o cliente?</td></tr>
<tr><th>Objetivo</th><th>Tarefas</th></tr>
<tr><td>Levantar o maior número possível de respostas para o desafio</td><td>• Levantar informações no mercado, com os clientes reais e confiáveis;
• Mapear e avaliar a experiência de consumo dos clientes atuais;
• Descobrir o que é valor para o cliente mantendo o foco no problema;
• Identificar situações análogas às do projeto em questão e que possam ser aproveitadas;
• Analisar os riscos e mapear o que pode dar errado, para definir planos de contingência e de mitigação;
• Projetar as necessidades futuras do cliente;</td></tr>
<tr><td colspan="2">Ideação</td></tr>
<tr><td colspan="2">Desafio: De todas as ideias geradas, qual a melhor?</td></tr>
<tr><th>Objetivo</th><th>Tarefas</th></tr>
<tr><td>Validar a melhor experiência para o consumidor, considerando a rentabilidade e a viabilidade técnica</td><td>• Classificar as ideias propostas com base nas necessidades do cliente;
• Eleger a ideia mais interessante;
• Refinar a proposta eleita com parte das demais propostas;
• Construir protótipos simples e baratos;
• Validar os protótipos com usuários selecionados;
• Ajustar (se necessário) os protótipos com as sugestões dos usuários;
• Detalhar a solução selecionada</td></tr>
</table>

Implementação	
Desafio: *Como transformar o protótipo em produto que supere a experiência dos clientes?*	
Objetivo	**Tarefas**
Transformar protótipo em produtos inovadores que surpreendam o mercado.	• Definir o modelo de negócio; • Fazer a análise de viabilidade técnica e financeira; • Se for possível, registrar a propriedade intelectual do produto (ou processo); • Estabelecer a estratégia de lançamento do produto (Plano de Lançamento); • Monitorar os resultados em campo.

Estudo de caso - Burgerlândia

A Burgerlândia é uma lanchonete de fast-food de Florianópolis. Localizada defronte à praia numa vila de pescadores, ela é frequentada, basicamente, pelos praticantes de esporte náuticos (standup padlle e kiitesurf) e pelas famílias dos pescadores locais. Seu cardápio era basicamente de hamburgueres artesanais e batatas rústicas, acompanhados por cervejas e refrigerantes. O maior movimento era na hora do almoço e no final do dia, sendo muito pequeno nos outros horários. Sua equipe era formada por oito pessoas (dois chapeiros, dois auxiliares de cozinha, dois atendentes, um gerente e o dono).

Precisando dar maior utilização para toda a infraestrutura instalada e gerar novas receitas, o dono da Burgerlândia procurou uma consultoria, que lhe sugeriu fazer um exercício para o projeto de novos lanches. A consultoria usou as técnicas de design thinking nesse trabalho.

Durante dois dias (de uma semana de baixo movimento), os colaboradores foram divididos em duas equipes para desenvolver novos produtos para a lanchonete. Cada equipe contou ainda com dois clientes tradicionais que se dispuseram a participar desse projeto.

O resultado de dois dias de imersão completa (foram 10 horas cada dia) foram duas novas linhas de lanches focadas no público jovem que frequenta à praia e que deman-

da produtos mais naturais e sadios. A primeira linha de lanches e sucos é formada por sanduíches naturais com um apelo vegetariano, combinando legumes cozidos, folhas e frutas. Outro lanche leva uma pasta de peixe, folhas e abacaxi. Para acompanhar, aproveitaram as batatas rústicas (agora salpicadas de ervas e azeite de oliva) e sucos naturais de frutas da estação.

A segunda linha de lanches foi elaborada visando o final do dia. Consiste em dois tipos de caldos de peixes (servidos em canecas de isopor), uma salada leve (que leva rúcula, figos em caldas e lâminas de presunto de Parma) e dois novos sanduíches de linguiça de Blumenau, em pão de hot dog, recheado de purê de batata (um com molho de tomate picante e o outro com molho de alho e cebola). Acompanha sucos de frutas da estação, refrigerante ou cerveja artesanal da região.

Com o lançamento desses novos produtos, a lanchonete teve um aumento da diversidade de frequentadores (não só os praticantes de esportes náuticos), u*m maior aproveitamento da infraestrutura, uma melhor distribuição dos clientes durante todo o dia (mas ainda com um pico no horário do almoço) e uma maior geração de caixa.*

Inovação desruptiva

Gerar uma inovação desruptiva é o sonho de toda empresa. A inovação incremental (a que introduz melhorias contínuas nos processos e produtos) é mais fácil, e até natural para empresas que já possuem programa de melhoria da qualidade dos seus produtos e serviços, prática adotada por boa parte das empresas há mais de 20 anos.

Uma inovação desruptiva é fazer algo que nunca foi feito. Normalmente, ela cria novos mercados e novos hábitos nos consumidores. Pode gerar grandes resultados financeiros para a organização, até que o produto/serviço inovador seja copiado pela concorrência (ninguém copia produtos fracassados). Assim, se sua organização criou algo realmente desruptivo, prepare-se para enfrentar a concorrência! As proteções legais ajudam na defesa do mercado, mas nem sempre são eficientes, pois a concorrência desleal é grande e não respeita os direitos autorais e patentes.

Não há uma forma mágica para a criação de produtos/serviços desruptivos. Eles nascem sem muitas regras, mas alguns fatores organizacionais estão presentes nos casos de sucesso. O primeiro deles é a liberdade para criar e errar. Organizações onde o colaborador, de qualquer nível, se sente seguro em propor e experimentar ideias novas, sem o medo de ser penalizado, são mais propícias à inovação disruptiva[3].

Outro fator relevante é a presença, na organização, de jovens colaboradores que ainda não conhecem profundamente os seus processos e os produtos. Esses colaboradores têm mais chance de gerar uma ideia inovadora do que os colaboradores mais antigos, e já limitados pelas regras do mercado e pelos processos da organização. Aqui vale o provérbio: "não sabendo que era impossível, foi lá e fez! "[4]

As empresas tradicionais, principalmente aquelas de gestão familiar, encontram muita dificuldade para inovar. Seus processos são rígidos e consolidados, a gestão é centralizadora, o que não permite aproveitar as potencialidades dos colaboradores. É comum essas empresas contratarem profissionais que preferem ser conduzidos a criarem soluções novas, na base do "manda quem pode, obedece quem tem juízo"[5]. A alternativa que essas organizações estão encontrando para inovar é buscar startups no mercado. Elas podem procurar empresas emergentes, com potencial de sucesso, para comprá-las e incorporá-las ao seu portfólio de produtos/serviços.

Algumas grandes empresas promovem concursos entre startups sobre temas de interesse e investem nas ideias mais promissoras. A taxa de sucesso desses investimentos, quando a seleção é bem rigorosa, é entre 10% ou 20%, ou seja, para cada 10 startups investidas, uma ou duas dão muito retorno. As demais falham ou dão pouco resultado.

Para avaliar o nível de desenvolvimento de um produto/serviço novo, pode-se

---

3 Barbosa Júnior, A.R., Gonçalves, C.A., Fatores determinantes da inovação disruptiva, Rev. Ciênc. Admin., Fortaleza, v. 24, n. 1, p. 1-13, jan./abr. 2018

4 Jean Cocteau – poeta e cineasta francês, nascido em 1889 e morto em 1963

5 Provérbio português.

usar a escala TRL (*Technology readiness levels*)[6,7] desenvolvida pela NASA, em 1974, para avaliar os produtos que são usados no programa espacial americano. Esse método usa uma escala de 1 a 9 para avaliar o quanto um produto/serviço está pronto para ser usado ou comercializado. A Figura 15 mostra essa escala. Apesar de ter sido criada para o programa espacial, podemos usá-la para avaliar o grau de desenvolvimento de um novo produto/serviço e decidir quando vale a pena fazer maiores investimentos no seu desenvolvimento.

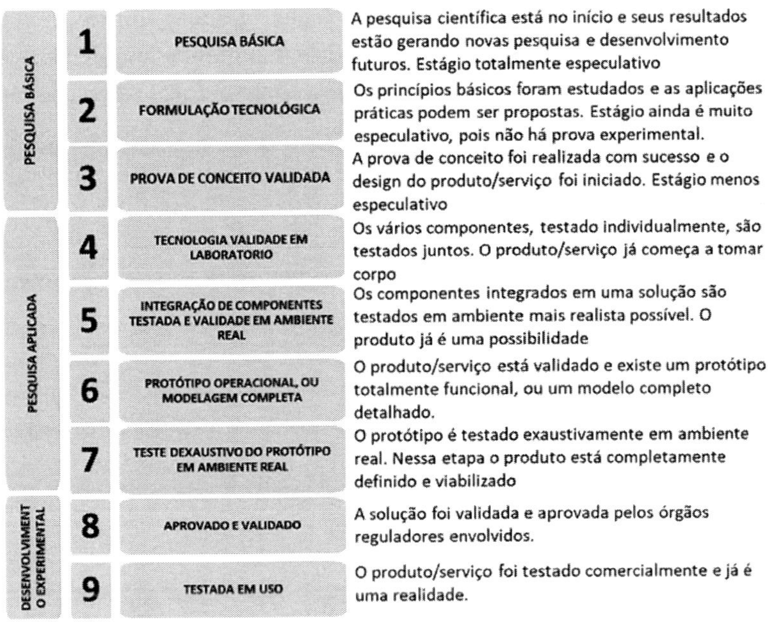

Figura 15: Nível de Prontidão Tecnológica (TRL)

Até o estágio 3, o produto/serviço ainda é especulativo e, portanto, com grandes riscos de insucesso ou de inviabilidade técnica-comercial. No estágio 6, temos um protótipo funcional que permite os primeiros testes com usuários selecionados. Nesse estágio, o produto já pode receber investimentos para seu teste de mercado. No estágio 8, o produto/serviço já está apto a receber investimentos significativos para seu lançamento no mercado.

[6] Esse método foi desenvolvido pela NASA, em 1974, com uma revisão expandida para a versão atual em 1995. Dispsonível em https://www.nasa.gov/directorates/heo/scan/engineering/technology/txt_accordion1.html acessado em 01 de novembro de 2018

[7] EARTO, The TRL Scale as a research & innovation policy tool, EARTO Recommendations, 2014

A escala de TRL pode ser usada para avaliar produtos/serviços de interesse que são desenvolvidos pelos fornecedores e, principalmente, pelas startups.

As startups são fontes importantes de inovação a um custo menor que o desenvolvimento interno à empresa. Todavia, a relação com as startups deve ser feita com cuidado para que não se perca as características principais dessas pequenas empresas, que são a agilidade e a criatividade.

A operação conjunta entre startups de tecnologia e grandes empresas é uma das iniciativas promissoras para fomentar a inovação nas grandes empresas. Pode beneficiar ambos os lados, ajudando as empresas a criarem novos mercados e as startups a viabilizarem seus produtos. Os diretores executivos, de ambas as empresas, devem compartilhar os objetivos estratégicos comuns de crescimento, melhorando seu posicionamento competitivo e a geração de receita nas duas empresas. Até mesmo parcerias com startups em produtos desruptivos pode ser vantajoso para as empresas maiores, pois reduz os riscos e as dificuldades para ter sucesso com seus próprios recursos[8].

Essa parceria exige alguns compromissos de ambas as partes. É comum os CIO das startups se encontrarem negociando com funcionários subalternos da empresa grande, e não com os seus diretores executivos. Para que as discussões ocorram no nível estratégico, é fundamental o engajamento sincero da alta direção das duas empresas.

O choque de cultura entre essas empresas é outro complicador que deve ser considerado no estabelecimento de parcerias. Basicamente, os principais pontos de atrito são: a) processos de trabalho ágeis versus processos burocráticos; b) níveis diferentes de comprometimento ético; e c) diferentes níveis de apetite ao risco.

Para dar certo, a parceria entre startups e grandes empresas depende de cada lado entender os interesses, expectativas, incentivos, cultura e ética de trabalho do outro. É preciso identificar o modelo de parceria mais apropriado para cada situação - incubação, aceleração ou parceria – com papéis e responsabilidades claras e bem definidas.

---

[8] LARKIN. M. & O'HALLORAN, D., Collaboration between start-ups and corporates: a practical guide for mutual understanding, World Economic Forum, 2018

A opção de absorver as startups por grandes empresas é uma operação de alto risco, pois elimina o principal diferencial de sucesso da startup: sua agilidade e simplicidade operacional. Caso a incorporação seja inevitável, é recomendável que se crie uma unidade de negócio separada e lhe dê o máximo de liberdade operacional possível.

Estudo de caso – Cirque de Soleil

O Cirque de Soleil foi fundado em Baie-Saint-Paul em junho de 1965 pelos artistas de rua Guy Laliberté e Daniel Gauthier, em resposta a um apelo feito pelo Commissariat général aux célébrations 1534-1984, do governo de Quebec, sobre a comemoração do 460º aniversário da descoberta do Canadá. O que começou como um espetáculo de rua acabou se transformando numa empresa mundial, com mais de 5.000 colaboradores e com espetáculos no mundo todo.

Guy Laliberté e Gauthier queriam montar um circo, mas esbarravam na falta de dinheiro para comprar e manter animais exóticos (elefantes, tigres, leões etc.) e artistas renomados (palhaços, mágicos etc.). Pensaram então em um circo sem aquelas atrações tradicionais. Os animais exóticos foram substituídos por figurinos e roupas exóticas. Os artistas famosos, por atores que representam o papel de palhaços. A mágica foi para o enredo do espetáculo, para os efeitos visuais e para as músicas. Estava criado o Cirque de Soleil. Contaram com o apoio financeiro do governo canadense no primeiro ano de existência, mas, já no segundo ano, a empresa se estabilizou e passou a gerar receitas suficientes para se manter e expandir.

Com essas ideias, o Cirque pode ser reproduzido em várias montagens, pois o figurino, os cenários, os enredos, as músicas, e as atrações circenses poderiam ser copiados em qualquer lugar do mundo e quantas vezes desejassem (escalabilidade). O formato inusitado atraiu um público que já não ia mais ao circo (porque o espetáculo é sempre muito parecido), além de jovens que nunca haviam ido a um circo.

Pivotagem

Uma das práticas de sucesso das startups, que as demais empresas precisam aprender a usar, é a pivotagem. Tradicionalmente, as organizações desenvolvem seus produtos/serviços até a perfeição antes de lançá-los no mercado. O medo de lançar um produto com problemas ou com pouca usabilidade as levam a serem muito detalhistas no projeto, antecipando o máximo de situações de experiência de uso dos seus futuros clientes. Todavia, não há como, em tempo hábil, substituir a avaliação dos clientes por testes feitos pelas próprias equipes que desenvolveram o produto/serviço. Por mais exaustivos que sejam esses testes, os clientes vão descobrir uma situação não prevista ou encontrarão uma inadequação do produto.

As startups abandonaram a tentativa de prever todos os comportamentos dos futuros clientes. Elas simplesmente lançam o produto para um mercado reduzido e colhem, rapidamente, as observações desses clientes. Com essas observações, e sugestões, alteram o produto/serviço e o relançam. Esse ciclo (chamado de "pivotagem") se repete até que não haja mais melhoria significativa a ser feita.

Lançar rapidamente um produto/serviço, mesmo que não esteja "perfeito" permite testá-lo com pouco investimento realizado e estabelecer o protagonismo desse produto, ou solução, no mercado (*fail fast, learn fast*[9]). Quem lança primeiro define o preço e as condições de vendas, que serão copiados pelos concorrentes.

Estudo de caso – o cortador de sachê[10]

Extraído da Revista PEGN, 29/08/2010

No Brasil, a maioria das invenções atende às necessidades do cotidiano. A dificuldade para abrir certas embalagens, por exemplo, virou uma grande oportunidade de negócio para um empresário do Rio de Janeiro.

Cortar um sachê é um teste para a paciência. É preciso habilidade nas mãos, força nos dentes e nem sempre o resultado é bom.

[9] Khanna, R., Guler, I., Nerkar, A., Fail Often, Fail Big, and Fail Fast? Learning from Small Failures and R&D Performance in the Pharmaceutical Industry. Academy of Management Journal. Vol. 59, pag. 436–459, 2015, em https://doi.org/10.5465/amj.2013.1109, acessado em 25 de agostod e 2018 .

[10] Abridor de sachês é invenção de um carioca que lucra com o produto, Revistas Pequenas Empresas & Grandes Negócios, de 29/8/2010 acessado em http://pegntv.globo.com/Jornalismo/PEGN/0,,MUL1616013-17958,00-ABRIDOR+DE+SACHES+E+INVENCAO+DE+UM+CARIOCA+QUE+LUCRA+COM+O+PRODUTO.html em maio de 2018

"Para mim, era sempre difícil. Em qualquer restaurante que eu entrava, eu saía com a camisa manchada, ou coisa parecida", diz o músico Cledionilson Silva Júnior.

O novo invento promete acabar com o problema: o abridor de sachês. A pequena caixinha pode ser fixada em qualquer lugar como, por exemplo, num porta-guardanapo.

Nele, uma lâmina afiada corta o plástico em menos de um segundo.

"Com uma só mão eu consigo abrir um sachê, o que se torna muito mais fácil", conta Cledionilson.

O produto foi inventado pelo carioca Leopoldo Aquino de Almeida. A ideia surgiu ao comer um sanduíche.

"O dono da lanchonete já me serviu três sachês abertos com uma tesoura. Nesse momento, eu percebi o conforto que era consumir o sachê, ele já estando aberto. A partir desse momento, eu notei que não existia nenhum dispositivo, nenhuma maneira que pudesse abrir o sachê ali no balcão e, nesse momento, surgiu um processo criativo, eu comecei a imaginar como eu poderia abrir o sachê usando uma das mãos", explica o empresário Leopoldo Aquino de Almeida.

O primeiro protótipo era uma lâmina de barbear numa canaleta de PVC, muito diferente do modelo atual. Ele levou três meses para ser aprovado entre desenvolvimento e testes.

O produto é constituído de duas partes: a base e o refil. A base é que vai colada em qualquer superfície, seja ela vidro, madeira, plástico etc. o refil é que contém a lâmina. O produto foi concebido de uma maneira arredondada para que ele não tivesse cantos onde a sujeira pudesse se alojar.

Leopoldo Almeida gastou R$ 30 mil no projeto. Para produzir a peça, ele se tornou sócio de José Mendes, dono de uma empresa injetora de plástico, em Duque de Caxias, na Baixada Fluminense. Dos 96 funcionários, 12 só produzem abridores de sachês.

O produto representa entre 10 e 12% do meu faturamento. No local, são fabricados de cinco a sete mil peças por mês. A maior parte é vendida para lanchonetes, bares e restaurantes. O empresário Leopoldo Almeida fechou uma parceria com o maior fabricante de sachês para molhos, temperos e bolachas do Brasil e a produção deve aumentar.

"A parceria nos trouxe uma grande vantagem, além de visibilidade. Foi a chancela de uma indústria de sachê, que conseguiu perceber que o nosso produto consegue acabar com o desconforto da utilização do sachê", conta Leopoldo.

O fabricante também lucra com o refil. A lâmina corta de quatro a cinco mil sachês.

"O produto está sendo comercializado entre R$ 6 e R$7 e o refil representa 50% desse valor. Se nós dividirmos o valor desse refil pelo número de meses em que ele está sendo utilizado, vai dar um valor ínfimo", revela Leopoldo.

O empresário encomendou uma pesquisa de mercado para avaliar o produto. A empresa contratada entrevistou mais de 400 pessoas. Os clientes consideraram o abridor de sachês prático, higiênico, fácil de usar, seguro, inovador e útil.

"Por acaso, nessa pesquisa, tinha um senhor ao meu lado e ele falou que finalmente vai conseguir usar sachê, porque esse senhor usava uma dentadura, não tinha firmeza nos dedos e tinha vergonha de pedir ao atendente para abrir o sachê", lembra Leopoldo.

O produto também é vendido numa grande rede atacadista do Brasil, que atende donos de bares e restaurantes.

As vendas triplicam a cada mês. Só nas últimas duas semanas foram quase R$ 10 mil abridores de sachês vendidos. Como é um produto novo, a empresa aposta nas demonstradoras para atrair a atenção. Em uma delas, cada sachê aberto significa mais gente olhando e comprando.

Os clientes se juntam em volta da mesa de demonstração. No atacado, o abridor é vendido a R$4,99 e caiu no gosto de comerciantes.

"Eu tenho um bar-restaurante e isso daí é muito prático porque as pessoas estão comendo e o sache acaba dificultando. Todo mundo morde, não é higiênico. Então, achei muito legal", comenta a cliente Liliane Maranho.

O produto foi patenteado no Brasil, Estados Unidos, México, Canadá, China e na Europa. Compradores americanos e mexicanos já pediram amostras do abridor para testes e a novidade foi premiada numa feira em Pittsburgh, nos EUA, como a melhor invenção das Américas, uma conquista que abre caminhos para a exportação.

"A ideia é, até o fim do ano, nós faturarmos na casa de uns R$ 500 mil, segundo o crescimento que a gente tem tido nos últimos meses", afirma Leopoldo.

Gestão do bem-estar

As organizações, ainda, são formadas por pessoas e são elas que definem a "personalidade" da organização para o mercado e clientes. Apesar das iniciativas de impersonalizar o contato entre o cliente e as organizações, ainda são pessoas (novamente, ainda!) que realizam boa parte dessa tarefa e que acabam definindo a imagem da organização para o mercado.

Pessoas felizes atendem bem e transmitem essa felicidade aos clientes e usuários[11]. Recomendamos aos executivos um passeio pelo Mercado Municipal de São Paulo ("Mercadão")[12]. Esse prédio do começo do século passado abriga negócios instalados em pequenos espaços entulhados de delícias do mundo todo. Além dos prazeres arquitetônico e gastronômico, há uma alegria contagiante dos atendentes, vendedores e donos das pequenas lojas. Essa alegria contagia os compradores e visitantes. Ninguém consegue ficar indiferente por muito tempo passeando pelas ruelas do Mercadão. Esse clima organizacional, além de tornar o dia de trabalho melhor, ajuda a vender. E vende muito. Manter colaboradores felizes faz bem para os negócios.

Manter colaboradores felizes não quer dizer pagar altos salários e não exigir produtividade. Ao contrário, colaboradores felizes trabalham muito e com muita eficiência, porque gostam do que estão fazendo. Não é trabalho, é quase uma diversão! Cansa? Mas é gostoso!

---

[11] Bom Sucesso, E. P., Relações interpessoais e qualidade de vida no trabalho. Rio de Janeiro, Quality Mark, 2002.

[12] Mercado Municipal de São Paulo - R. Cantareira, 306 - Centro, São Paulo - SP

Trabalho como diversão

Tornar o ambiente de trabalho divertido e, ao mesmo tempo, produtivo é o desafio das empresas modernas. Estilo de gestão do tipo "gestão por conflito", em que os gestores colocam um subordinado contra o outro, para serem os "motivadores" de produtividade ou os denunciadores de ineficiência, não cabe mais no século XXI. Para manter colaboradores, essas organizações arcaicas precisam pagar salários muito acima do mercado, para compensar o ambiente tóxico em que seus colaboradores vivem. É surpreendente como ainda existem muitas empresas com essa "estratégia" de gestão de talentos.

Ambiente produtivo é aquele onde se trabalha com prazer e diversão. Para isso, a seleção de colaboradores precisa considerar as suas expectativas e anseios para o futuro. A empresa poderá atender às suas expectativas? A cultura da empresa está alinhada com os seus valores? Eles têm uma ideia clara do que irá encontrar na organização? Essas perguntas devem permear o processo de recrutamento e os processos periódicos de avaliação, pois os colaboradores, e a própria empresa, mudam com o tempo. Mudam suas expectativas, suas necessidades, suas disponibilidades e, até mesmo, suas personalidades.

O trabalho se confunde com diversão quando se gosta do que faz e tem um ambiente desafiador e motivador. Desafios e reconhecimento motivam os bons profissionais. Cabe à organização dosar o tamanho do desafio de cada colaborador para que não seja nem muito além, nem aquém, da sua capacidade de realização. Desafios impossíveis o desmotivam (por não conseguir realizá-los), assim como os desafios muito simples (por não ver neles a possibilidade de usar suas capacidades).

Nem sempre podemos oferecer desafios para nossos colaboradores, mas se o trabalho é muito repetitivo e sem desafios, vale a pena avaliar a sua automação, em substituição aos colaboradores humanos. Esse é o tipo de tarefa adequada para sistemas automatizados.

O reconhecimento dos colaboradores, que conseguem realizar tarefas desafiadoras, deve ser feito assim que possível. O reconhecimento pode ser desde um cumprimento elogioso até um prêmio. Ao ser reconhecido pelos superiores, o colaborador se sente como partícipe relevante da empresa e, assim, aumenta seu comprometimento com as diretrizes estratégicas e com o sucesso empresarial.

Estudo de caso – Mercadão de São Paulo

Uma vez, eu acompanhava um grupo de amigos (todos empresários e amantes da boa gastronomia), entre as lojinhas do Mercado Municipal de São Paulo, à procura de um petisco antigo que acreditávamos encontrar por lá. Já havíamos andado por metade do mercado, saboreando as amostras que os vendedores insistiam em nos oferecer, quando paramos numa loja que tinha o que estávamos procurando (tratava-se de Mandiopã – só quem tem mais de 50 anos lembra o que é isso!). O vendedor já nos atendia com a simpatia de sempre, quando o dono da loja (um senhor de aproximadamente 55 anos, com aquele forte sotaque paulistano do Brás) nos perguntou se gostávamos de sardela (uma pasta italiana, ideal para fazer canapés e acompanhar o pão e o vinho). Antes de respondermos, ele pegou uns pedaços de pão e nos serviu com a sardela que ele mesmo produzia, junto com a esposa, na sua própria residência. Sua intenção era que avaliássemos a sua sardela. Nos questionava se faltava aliche, ou se tinha azeite demais, pouco sal etc. A conversa durou mais de uma hora, com participações pontuais e palpiteiras do vendedor e dos comerciantes vizinhos sobre como deveria ser a sardela que ele fazia (cada um dava um palpite diferente). No final, havia mais de 15 pessoas versando sobre tudo em relação à sardela (história, tipos, modo de produção, acompanhamento ideal, conservação etc.), e tomando um vinho tinto, simples, mas honesto, que apareceu não sei de onde. Todos comemos muita sardela (e pão, azeitonas pretas, patê de fígado e outras coisas mais) e acabamos gastando mais de R$ 200 naquela lojinha e nas vizinhas.

Os produtos eram ótimos sem dúvida, mas o que nos fez comprar foi a cordialidade, o clima de informalidade e intimidade quase familiar. Com a conversa, conhecemos mais sobre aqueles produtos (que agora tinham história e tradição) e nos sentimos atraídos por eles. Ninguém nos forçou a comprar, simplesmente se colocaram à disposição para conversar e opinamos sobre seus produtos.

Organização flexível

A forma como uma instituição organiza seus recursos humanos pode facilitar ou dificultar o clima organizacional. Estruturas organizacionais rígidas e bem definidas (normalmente hierárquicas) limitam a atuação dos colaboradores e a possibilidade de conseguirem fazer algo de relevante e inovador. Já, estruturas flexíveis, ou com poucos níveis hierárquicos, permitem que um colaborador ajude a outros em projetos específicos e, assim, complemente sua atuação fazendo algo novo e desafiador.

Algumas empresas mais audaciosas formaram equipes de colaboradores de alto nível a ponto de deixar a eles a decisão sobre os seus próprios salários e sobre as metas para o próximo ano. Esses colaboradores não possuem supervisão e respondem diretamente à alta direção da empresa. Sabem o que fazer e, se algo novo acontecer, conseguem decidir, em comissão, o que fazer. A economia com os salários dos níveis de gerência intermediária foi convertida em ganhos para esses colaboradores. São altamente comprometidos, capacitados e ganham acima do mercado. São responsáveis e reconhecidos pelos resultados. Adivinhe qual o clima interno dessas empresas!

Organização autônoma descentralizada

Uma nova forma de organização empresarial está surgindo, aproveitando-se das novas tecnologias. É a Organização Autônoma Descentralizada – OAD (*DAO - Decentralized Autonomous Organization*)[13,14], uma organização sem superiores hierárquicos (CEO, CFO, CTO, VPs etc.). Nessa organização, não há hierarquia e não há uma estrutura de "comando e controle", comum nas organizações tradicionais.

Uma OAD é uma combinação de recursos computacionais, baseados em contratos inteligentes (eventualmente construídos sobre uma infraestrutura de *blockchain* ou similar) e pessoas. Na OAD, os participantes possuem *tokens* (contratos inteligentes) que representam sua contribuição (responsabilidade e remuneração) no desempenho da organização. Os participantes buscam aumentar no valor de seus tokens, através do aumento da demanda de serviços (quanto mais se trabalha, mais se ganha).

---

[13] https://letstalkbitcoin.com/is-bitcoin-overpaying-for-false-security#.Ui-p9WTFT7s, acessado em 21/08/2018

[14] Chohan, U.W., The Decentralized Autonomous Organization and Governance Issues (December 4, 2017). Disponível em https://ssrn.com/abstract=3082055 acessado em 21/08/2018

Os detentores de tokens (participantes de uma OAD) têm o direito de votar "sim" ou "não" em toda e qualquer nova demanda que a organização receba, de acordo com regras previamente estabelecidas entre as partes. Ao invés de ter um colaborador contratado como subordinado a uma hierarquia, na OAD, ele recebe um contrato por projeto (chamado de Contato de Contribuição). Após a discussão entre os membros da comunidade sobre a nova demanda para a organização, a proposta é votada e, quando aprovada, o trabalho é distribuído entre os colabores (que o recebem na forma de um contrato inteligente) e tudo pode começar. A entrada de um novo colaborador é discutida e aprovada por todos os membros da organização. Se ele entrar no projeto, será responsável por entregar, dentro do prazo e do orçamento, o que lhe foi atribuído (na forma de um contato inteligente).

O contrato inteligente comparará os produtos/serviços entregues por cada colaborador com o que está especificado no contrato e, se estiver tudo de acordo com o contratado, o pagamento do colaborador é liberado automaticamente.

Caso um colaborador não desempenhe suas tarefas como contratado, ele perde seus direitos dentro da OAD e poderá até ser desligado do projeto. Para evitar isso, todos que contribuem para uma OAD buscam fazer suas tarefas com a melhor qualidade possível. Caso contrário, seus empregos estarão ameaçados.

Como a OAD é organizada em torno de contratos inteligentes, e não de pessoas e funções, a flexibilidade e a agilidade para inovar aumentam bastante. Em uma organização plana, como a OAD, a comunidade pode reunir e apoiar as melhores ideias, vindas de qualquer pessoa ou setor. Na OAD, não há chefes e, como todos participam das decisões e avaliações, os colaboradores que apresentam baixa produtividade ou trazem prejuízo para a organização são removidos com rapidez e sem burocracia (simplesmente não recebem mais tarefas e a remuneração correspondente). Esse tipo de organização oferece uma ótima experiência de trabalho para todos. No Brasil, temos as regras trabalhistas que ainda dificultam a implantação desse tipo de organização, mas esperamos que por pouco tempo.

As OAD existentes ainda são primitivas (as primeiras foram o Dash[15], The DAO e

---

[15] https://www.city.ac.uk/news/2018/may/city-academic-makes-link-between-cryptocurrency-trading-and-machine-learning acessado em 21/08/2018

Digix[16]) e estão aprendendo a como operar nesse novo mundo. Usando a liberdade que a terceirização nos traz, é possível que um mesmo colaborador tenha vários contratos com OAD diferentes, cuja soma de remuneração venha a ser maior do que se estivesse trabalhando em uma única empresa.

Holocracia

Uma outra estrutura organizacional moderna é a organização holocrática[17]. Trata-se de um sistema de gestão criado por Brian Robertson, onde a organização da empresa se dá pela eliminação do poder hierárquico, que é substituído por um sistema de distribuição da autoridade. Com isso, consegue-se mais agilidade na tomada de decisões e maior proatividade na resolução de problemas e atendimento às demandas do mercado.

Na organização holocrática, não há uma estrutura de poder, onde cada pessoa tem cargo fixo e um conjunto de tarefas predefinidas. Os colaboradores desempenham múltiplas funções, podendo participar simultaneamente de vários projetos diferentes. Suas tarefas são constantemente atualizadas para obter o melhor resultado para a organização. Não há uma autoridade individualizada, ela é distribuída por toda a equipe.

Para funcionar, são necessárias regras muito claras e maturidade profissional dos colaboradores. A transparência resultante da aplicação das regras para todos, inclusive para a alta direção, faz com que se reduza as interferências políticas, e com que as decisões dependam menos de autoridade formal e mais da coletividade.

Organizações pequenas

As grandes organizações tendem a ser burocráticas e lentas, exatamente o contrário do que se espera das organizações para o século XXI. Robin Dunbar[18] desco-

---

16 https://www.forbes.com/sites/rogeraitken/2016/04/23/digital-gold-done-right-with-digixdao-crypto-trading-on-openledger/#48e1bc285204 acessado em 21/08/2018

17 https://holacraciabrasil.com/ acessado em 10/03/2018

18 Robin Ian MacDonald Dunbar (nasceu em 28 de junho de 1947) foi um antropólogo britânico e psicólogo evolucionista que estudou o comportamento social dos primatas e das primeiras comunidades humanas.

briu que as sociedades primitivas se organizavam em grupos com, no máximo, 150 pessoas. Esse limite (chamado de número de Dunbar[19]) está relacionado com a limitação do cérebro em lidar com uma grande quantidade de relacionamentos. Os primeiros agrupamentos humanos tinham cerca de 150 indivíduos, uma unidade militar romana tinha 150 soldados, e outros exemplos parecem confirmar a hipótese de Dunbar. Aplicar esse conceito para empresas nos leva a recomendar que uma empresa, para ser gerenciável, não deve ter mais que 150 colaboradores.

Empresas com poucos colaboradores, mas altamente qualificados, não precisam de supervisão, pois todos estão acompanhando o que se faz dentro da organização. Essa espécie de *Big Brother* coletivo incentiva a eficiência e a eficácia organizacional, sem precisar de supervisores e gerentes.

Agilidade empresarial

A agilidade empresarial pode ser avaliada com base em algumas observações feitas no dia a dia da organização. Os pontos a serem avaliados são[20]:

- **Comprometimento e propósito**: Os colaboradores devem se sentir reconhecidos em seu trabalho e terem orgulho da empresa. Deve ainda estar claro para eles qual o propósito da organização e como eles podem ajudar a alcançá-lo. Os líderes devem fornecer feedback e treinamento frequentes que permitam às pessoas que trabalharem de maneira autônoma, colaborando para resultados da equipe;

- **Aproveitamento das oportunidades**: Os colaboradores devem estar atentos às mudanças de expectativas dos clientes e devem agir proativamente para atendê-las;

- **Alocação de recursos**: A alocação de recursos-chaves (colaboradores especializados, gestores, recursos financeiros, equipamentos específicos etc.) deve ser avaliada e aprovada rapidamente, dependendo das prioridades relativas entre os projetos que usam esses recursos;

---

[19] https://pt.wikipedia.org/wiki/N%C3%BAmero_de_Dunbar, acessado em 1 de agosto de 2019

[20] McKinsey&Company, How to create a agile organization, McKinsey&Company report 2018

- **Processo de decisão orientado** à ação: Os processos decisórios devem ser claros e seguidos por todos. Quando as responsabilidades sobre uma tarefa não estiverem claras para todos os envolvidos, eles devem resolver isso entre eles mesmos;

- **Organização celular**: O trabalho é realizado em células, que se formam e se desfazem de acordo com a demanda do mercado e as demais atividades operacionais da organização. As células são pequenas e autogerenciadas e respondem pelo produto/serviço de ponta-a-ponta;

- **Parcerias ativas**: Quando há uma forte interação entre as equipes da organização e seus clientes, fornecedores e parceiros no desenvolvimento de novos produtos/serviços;

- **Ambiente físico e virtual aberto**: O ambiente (físico ou virtual) é planejado para ser flexível para facilitar a comunicação e a colaboração entre equipes e para que o trabalho seja feito de forma eficiente;

- **Padronização de tarefas repetitivas**: As tarefas repetitivas são padronizadas para reduzir o tempo de execução, reduzir a desmotivação e aumentar a integração entre equipes diferentes;

- **Avaliação de desempenho**: Os colaboradores são avaliados com métricas e indicadores de negócio envolvendo a produção de ponta-a-ponta. Há uma cultura de feedback contínuo entre os colaboradores, visando aumentar a produtividade e a qualidade dos produtos/serviços;

- **Experimentação rápida**: O desenvolvimento de novos produtos/serviços é feito rapidamente, baseado em protótipos de baixos custos e testados de forma interativa com os clientes;

- **Transparência**: Todas as informações estão abertas a todos os colaboradores. Os colaboradores podem compartilhar suas informações com outros e ainda encontrar, dentro da organização, pessoas com conhecimento e habilidade que precisam;

- **Aprendizado contínuo**: Existe tempo para a busca de melhorias nos processos de negócios e nas tarefas executadas nesses processos. A troca de experiência permite que se aprenda com os erros dos outros, reduzindo a possibilidade de erros repetidos;

- **Liderança servidora**: Os líderes inspiram seus colaboradores, orientando as equipes através de coaching, desenvolvendo neles capacidades relevantes para a organização;

- **Coesão**: Há um clima de confiança mútua entre colaboradores de todos os níveis, baseado na crença que todos trabalham para o bem da organização;

- **Intra-Empreendedorismo**: Os colaboradores buscam oportunidade para desenvolver novas ideias e habilidades no seu trabalho diário;

- **Mobilidade**: Os colaboradores se movimentam (horizontal e verticalmente) com base nos seus objetivos de desenvolvimento pessoal. O recrutamento interno é priorizado em detrimento ao recrutamento externo;

- **Tecnologia, sistemas e ferramentas:** A tecnologia é perfeitamente integrada aos principais processos e responde às necessidades de negócios em constante mudança.

Estudo de caso – Instituto Alcântara

O Instituto de Pesquisas Alcântara é especializado em projetos de desenvolvimento tecnológico na área de ciência dos materiais, mais especificamente, em cerâmicas especiais. O instituto é formado por 56 engenheiros, 45 técnicos e 4 diretores (diretorias de Gestão, Técnica, Novos Negócios e Regulatória). Não há gerentes intermediários. Os engenheiros e técnicos são organizados em células de Pesquisa&Desenvolvimento, de tal forma que todas as células possuem as mesmas competências e habilidades técnicas. Quando uma nova demanda de projeto chega à empresa (via a Diretoria de Novos Negócios), ela é discutida em uma reunião com todos os engenheiros e técnicos, onde se avalia a melhor forma de atender a nova demanda. Esse planejamento preliminar é enviado ao Diretor de Novos Negócios para que ele negocie com o cliente os preços finais e o prazo de desenvolvimento.

Sendo o projeto aprovado pelo cliente, uma nova célula é criada (pelo deslocamento de engenheiros e técnicos de outras células), e ela detalha o planejamento e distribui as tarefas entre seus membros.

Uma parte do valor recebido do cliente, ao final do projeto, é distribuído entre os colaboradores que participaram, na proporção da sua participação.

Quando uma célula termina seu projeto, os seus membros se incorporam nas outras células para aumentar a capacidade de entrega. Alguns colaboradores liberados podem realizar projetos internos de prospecção e de desenvolvimento de novos processos, para adquirirem competências que possam ser demandadas em projetos futuros. Eventualmente, uma célula envolvida com um projeto interno de criação de um produto pode ser transformada em uma startup com autonomia para achar seu espaço no mercado (spinoff).

Gestão do equilíbrio sistêmico

Por serem entidades sociais, as organizações devem atuar de maneira sustentável, preservando o equilíbrio sistêmico do ambiente onde atuam. O equilíbrio sistêmico inclui a sustentabilidade financeira, ambiental e o engajamento social junto à comunidade do seu entorno. Vamos discutir cada um desses temas a seguir.

Sustentabilidade operacional

Toda organização, mesmo as de cunho assistencialista e sem finalidades econômicas, deve ser financeiramente sustentável. Isso significa que deve ter uma geração de receita que consiga cobrir todas as suas despesas e investimentos e, se possível, sobrar um crédito positivo que possa ser distribuído aos sócios, se for uma empresa, ou reaplicado na melhoria das suas instalações, se for uma organização sem finalidade econômica.

A geração de receita, no século XXI, está mais diversificada que nos séculos anteriores. Além da receita direta, pela venda de produtos/serviços, as organizações podem ainda contar com investimentos e fomentos de entidades públicas, receita de publicidade nos seus sites, *crowndfounding* (vaquinha eletrônica), venda de dados de perfil de clientes etc.

Respeito ao meio ambiente

Os clientes, e a sociedade como um todo, exigem um comportamento ambientalmente sustentável das organizações. Reduzir a pegada de carbono não é mais suficiente. É preciso reduzir o consumo de água e ainda recuperar a qualidade dos mananciais. É preciso eliminar a agressão ao meio ambiente com produtos químicos (defensivos, adubos, gases tóxicos, líquidos poluidores, resíduos sólidos da produção etc.) e recuperar áreas degradadas.

A partir da década de 90 do século passado, o mundo passou a prestar atenção à poluição e o seu efeito na vida do planeta. A preocupação com as vidas animal e vegetal, apesar de politicamente correta, esconde a nossa verdadeira preocupação: a sobrevivência do homem. Raças de animais e plantas vão sumir, como sempre sumiram, e outras vão aparecer, como sempre apareceram na história do planeta. O planeta continuará a girar em torno do Sol por mais alguns bilhões de anos. Quem está ameaçado de sofrer duramente, no futuro, é a raça humana.

Mudanças climáticas, provocadas por ações humanas ou por alterações naturais, combinadas com o crescimento da população mundial levarão a alterações profundas das áreas de culturas agrícolas, provocando a fome em uma parte significativa da humanidade. A poluição das águas potáveis e a escassez de alimentos irão favorecer o aparecimento de epidemias e o ressurgimento de doenças já debeladas. Guerras por recursos naturais, antes abundantes, serão inevitáveis. Cabe a todas organizações, poluidoras ou não, se engajarem num esforço de recuperação do meio ambiente e no reequilíbrio do planeta. Não basta preservar o que temos, precisamos recuperar a capacidade do planeta em produzir água potável, gerar uma atmosfera respirável e nos proteger das radiações solar e cósmica, sem esquecer de acomodar cerca de 9 bilhões de pessoas nos próximos anos (isso significa prover a eles alimento, abrigo, saúde, educação, segurança etc.).

A organização do Século XXI deve investigar, em todos os seus processos, desde o recebimento de insumos até o resgate de produtos descartados (logística reversa), como reduzir seus impactos no meio ambiente e ainda recuperar parte das condições planetárias, ideias para o ser humano. Pode, por exemplo, tratar a água usada, devolvendo-a aos mananciais em condições melhores do que captou. Pode ainda reflorestar áreas degradadas, além do necessário para zerar suas pegadas de carbono. Pode também gerar parte de sua própria energia por meios alternativos e sustentáveis. Pode envolver seus colaboradores nesse esforço, incentivando-os a plantarem árvores nas suas casas, ruas, sítios e margens dos rios. Incentivar e apoiar a reciclagem de embalagens usadas, lâmpadas queimadas, baterias e equipamentos eletrônicos etc.

A jornada do cliente, uma das maiores preocupações da organização, pode ser beneficiada com os cuidados com o meio ambiente, e, assim, os custos da proteção ao planeta se transformam em investimento de marketing e aumento de vendas.

Atuação social

A organização tem um propósito social que deve ser observado e perseguido por todos os seus colaboradores. A atuação social deve retribuir à sociedade parte dos ganhos que ela obtém ao usar o ambiente, contratar pessoas e auferir lucros na sua operação. Essa atuação deve ser junto à sociedade local, mas pode incluir comunidades mais distantes, desde que haja uma ligação clara entre essa ajuda e o propósito da organização.

A organização impacta de diversas maneiras o seu entorno, seja pela valorização (ou desvalorização) dos imóveis na região, pela geração de oportunidades de negócios (lanchonetes e restaurantes, hotéis etc.), pelo aumento do tráfego de veículos (inclusive congestionamento e problemas com estacionamento irregulares nas proximidades) etc. Os benefícios que a instalação de uma organização traz para a sociedade local vêm junto com um pacote de impactos negativos e cabe à organização tentar neutralizar esse desequilíbrio.

São várias as opções para trazer um retorno visível, e de impacto, para a comunidade. Podemos citar as seguintes:

- Contratação e desenvolvimento de mão de obra local (com investimentos na qualificação dessas pessoas)
- Recuperação de equipamentos públicos (praças, parques etc.) da região
- Manutenção de escolas técnicas para a população local
- Adoção de escolas públicas
- Recuperação urbanística de áreas degradadas da região

- Promoção de eventos esportivos e culturais para a comunidade

As ações desenvolvidas pela organização, em favor da comunidade local, revertem à empresa na forma de:

- Maior segurança patrimonial (a empresa é vista como uma organização amiga da comunidade e que deve ser protegida por ela);
- Redução de custos de pessoal (ao contratar pessoas que moram perto da empresa a ponto de elas não precisarem de vale transporte e ainda poderem almoçar em casa);
- Redução de impostos municipais pela ajuda na preservação de áreas públicas.

Atuação social, comprometida com a comunidade local, gera uma sensação de realização junto aos colaboradores, aumentando o orgulho de trabalhar nessa organização.

Orçamento

Ações estratégicas e táticas sem recursos orçamentários, para realizá-las, são inúteis. Toda ação definida no planejamento, estratégico ou operacional, precisa ter recursos destacados no orçamento anual da organização, e aí temos um novo tema: orçamento!

O orçamento anual das organizações é a cristalização dos planejamentos estratégicos e operacionais (traduzido na forma de números) e é, tradicionalmente, elaborado com base nos gastos e receitas dos anos anteriores, projetados para o futuro, junto com a previsão de crescimento do mercado e dos preços. Essa prática carrega um vício de origem que é perpetuar os erros de gestão cristalizados nos gastos dos anos anteriores, comprometendo, assim, as metas de redução de custos e de otimização da operação.

A alternativa, para evitar a contaminação dos erros do passado, no futuro da organização, é a adoção do Orçamento de Base Zero (OBZ)[21]. O OBZ foi desen-

[21] PYHRR, P.A., Zero-Base Budgeting: a Practical Management Tool for Evaluating Expenses, Wi-

volvido pela Texas Instruments Inc., na década de 60, e teve tanto sucesso, que foi imediatamente adotado até por alguns setores do governo americano.

O OBZ é uma metodologia de planejamento orçamentário anual que parte de uma base zerada, ou seja, sem relação com o período anterior (chamada de base histórica). Essa metodologia combate o princípio de que os gastos do último exercício serão novamente necessários e que todas as metas de receitas serão alcançadas. Ora, sabemos que isso não é necessariamente verdade. O resultado desse planejamento tradicional é uma peça que mantém a empresa no *status quo* atual, limitando sua capacidade de adaptar-se às mudanças.

No Orçamento de Base Zero, todas as premissas de Receita, Custos, Despesas e Investimentos são tratadas de acordo com as necessidades, estratégicas e táticas, da organização, desconsiderando-se as bases históricas e índices de inflação. É como se a empresa começasse novamente.

Ao partir das necessidades para o próximo ano (incluindo as ações estratégicas e as ações operacionais), o Orçamento de Base Zero não deixa espaço para os gastos supérfluos e as atividades não produtivas (esses gastos ficam escondidos nas séries históricas e passam despercebidos pelo planejador). Outra vantagem dessa abordagem (OBZ) é que cada setor tem uma visão de toda a estratégia da organização e pode mostrar como contribuir diretamente com ela, destacando os recursos que precisará para ajudar nessa tarefa.

O OBZ torna a alocação de recursos mais transparentes e eficientes, pois eles estarão diretamente relacionados com as ações estratégicas e táticas da organização. Como efeito colateral desejável, acontece a eliminação de atividades não relevantes. O lado negativo é o (maior) tempo gasto dos gestores com a elaboração do orçamento. Quando se aplica esse método pela primeira vez, é comum encontrarmos resistência, pois todos são obrigados a sair da zona de conforto e se confrontarem com suas ineficiências e desperdícios. Obriga-os a justificar todos os seus itens orçamentários, inclusive aqueles considerados óbvios e tradicionais.

A realização do OBZ é trabalhosa, mas muito salutar para a organização. Para empresas pequenas e novas, ele pode ser feito todo ano. Para empresas grandes, pode

ley and Sons, 1977

ser feito a cada dois anos, intercalando com o orçamento tradicional, baseado em série histórica. As etapas para a realização de um Orçamento de Base Zero, são:

1. **Mobilizar as pessoas**: O OBZ dá muito trabalho e é preciso preparar as equipes para cortarem profundamente seus custos, ação esta que encontra muita resistência nos gestores.

2. **Separar a empresa em unidades**: Cada unidade deve ter seu próprio portfólio de custos e despesas e não pode ser contaminado com os portfólios das outras unidades. Essa separação ajuda ainda a analisar os custos por departamento ou setor, apontando setores com maior impacto no orçamento total.

3. Fazer o **desdobramento de estratégias** da empresa: A partir das ações estratégicas definidas anteriormente, e dos planos de produção e vendas, cada unidade da empresa cria seu orçamento, dando foco nos processos fundamentais para a organização, nas competências profissionais que precisam ser desenvolvidas e na melhoria da jornada do cliente.

4. **Analisar o desempenho de cada unidade**: Recuperar as métricas de desempenho de cada unidade, aferí-las e compará-las com as metas anteriores.

5. **Definir o custo mínimo**: Consiste em definir qual o custo mínimo para a organização continuar operando (ou seja, como se a empresa estivesse operando em situação de crise extrema). Gastos acima desse valor devem ser tratados com rigor e deverão ser detalhadamente justificados. Alguns desses gastos serão mais importantes que outros e poderão ser priorizados na alocação de recursos. Todos os gastos que não estejam entregando valor para o cliente devem ser repensados. Inclusive, a manutenção de áreas funcionais (RH, Contabilidade, Patrimônio, Segurança, TI etc.), que possam ser terceirizadas.

6. **Classificar e selecionar os gastos extras**: A partir do limiar definido anteriormente, cada unidade vai defender seus gastos acima do mínimo, junto aos outros executivos da organização. Todos participam da aprovação, ou não, dos gastos extras.

Estudo de caso – Organização Castro Alves

A Organização Castro Alves é uma grande empresa d*e mídia do Centro-Oeste brasileiro. Com mais de 100 anos de existência, ela possui um canal de TV, três rádios FM, dois jornais diários e duas revistas semanais locais. A ideia de fazer um Orçamento de Base Zero veio dentro de um trabalho de consultoria para reposicionar a organização frente à queda de receita com os produtos impressos (jornais e revistas).*

Ao preparar os gestores para fazer o OBZ, ficou claro que apenas as atividades que certamente são de interesse do cliente deveriam ser orçadas, deixando de lado as que não tinham essa relação direta. No trabalho de reposicionamento da empresa, ficou claro que os clientes desejam informação (rápida e de fácil consumo,) independentemente do meio usado para distribuí-la (TV, rádio, jornal ou revista).

O orçamento foi, então, estruturado de acordo com os produtos da empresa (TV, rádio, jornal e revistas) e os processos necessários para produzi-los. Para cada produto, foi montada uma equipe de planejamento formada por representantes das áreas envolvidas com o produto (RH, compras, vendas, produção, jornalismo, audiovisual etc.). Nos orçamentos dos produtos, não entraram os gastos com áreas de apoio e de infraestrutura (TI, segurança, gráfica, contabilidade e gestão financeira). Depois do orçamento de cada produto, as áreas de apoio e infraestrutura fizeram seus orçamentos para atender às demandas vindas dos produtos. Por fim, as atividades repetidas foram unificadas e redimensionadas para atender às várias áreas de negócio.

O resultado demorou dois meses para ficar pronto e significou uma redução de mais de 34% do orçamento do ano anterior. Vários gastos foram eliminados, inclusive a gráfica (considerada como um patrimônio da empresa, pois foi com ela que os negócios começaram), pois o volume de impressão não justificava mais um parque gráfico daquele tamanho. Ela foi vendida para os próprios funcionários, que criaram uma empresa para atender, inicialmente, a Organização Castro Alves. A segurança patrimonial e a área de RH foram totalmente terceirizadas. A TI foi dividida em duas, uma para sistemas administrativos, também terceirizada, e outra para sistemas jornalísticos, essa mantida dentro da empresa com parte da equipe original. Todos os computadores principais (servidores) foram substituídos por serviços de cloud computing contratados de empresas internacionais.

Capítulo 4

Perfil do gestor para o século XXI

O perfil desejado para os colaboradores das empresas modernas está se alterando, tanto pelas mudanças tecnológicas, como pelas mudanças culturais em curso. Boa parte das habilidades e comportamentos que buscamos não era exigida no passado. A quarta revolução industrial traz, para dentro das fábricas e escritórios, robôs avançados, transportes autônomos, sistemas inteligentes de gestão, materiais complexos, biotecnologia, genômica e máquinas que aprendem sozinhas. Imagine o impacto dessas tecnologias nas organizações. Imagine ter como "chefe" um sistema inteligente! Como será a produção nas fábricas com materiais inteligentes que se ajustam à demanda? As organizações, por serem flexíveis e enxutas, poderão se instalar em qualquer parte do planeta, e os trabalhadores estarão em outros lugares distantes[15]. O perfil do novo gestor exige:

- **Criatividade**: Uma das habilidades cada vez mais exigida para todos os colaboradores. Com novas formas de organização e novas tecnologias, os colaboradores terão que se reinventar a todo instante. Os robôs podem nos ajudar a fazer algo mais rapidamente, mas (ainda) não são criativos;

- **Habilidade de negociação e de tomada de decisão** com base em dados e não mais em intuição e boa vontade. À medida que os robôs, e sistemas inteligentes, passam a coletar e analisar grandes quantidades de dados, a tomada de decisão precisa considerar os resultados dessas análises;

[15] GRAY, A., The 10 skills you need to thrive in the Fourth Industrial Revolution, in Word Economic Forum, The Future of Jobs Employment, Skills and Workforce Strategy for the Fourth Industrial Revolution, WEF Report, 2016 em https://www.weforum.org/agenda/2016/01/the-10-skills-you-need-to-thrive-in-the-fourth-industrial-revolution/ acessado em 03 de julho de 2018

- **A escuta ativa**[16] é outra habilidade demandada no século XXI. Manter a empatia com outras pessoas é uma das habilidades que não será realizada por máquinas, apenas por homens.

- Complementando o item anterior, a **inteligência emocional**[17] será umas das características mais procuradas para a alta direção das organizações.

- A maior exigência, contudo, é a capacidade de **ser proativo**. As mudanças não esperam cursos, livros, normas e manuais. Simplesmente ocorrem e o colaborador tem que estar atento para atualizar seus conhecimentos e aproveitar uma nova onda.

Com esse novo perfil dos colaboradores, cabe ao gestor do futuro, principalmente das empresas de bases tecnológicas, seguir algumas estratégias de gestão:

- Considere seriamente fazer uma **especialização em administração**: Em geral, os gestores de empresas de bases tecnológicas são técnicos altamente qualificados que, por falta de alternativas salariais, acabam migrando para a área de gestão. Normalmente, a empresa perde um excelente técnico e não ganha um bom gestor.

- Coloque seu **foco nas funções que agregam valor para o seu cliente**. Não tenha medo de terceirizar funções consideradas, quase sempre erroneamente, como estratégicas, tais como Recursos Humanos, Informática e Marketing.

- Todo **gasto em tecnologia deve ser considerado investimento** e, como tal, tem que trazer benefícios tangíveis (e monetizados) para a organização. Isso vale para robôs na linha de produção e também para sistemas de computação. Se um investimento tecnológico não tiver um *payback* num tempo razoável, ou der um retorno sobre o investimento (ROI) acima das aplicações financei-

---

[16] A escuta ativa é uma forma de estabelecer um diálogo eficiente entre interlocutor e ouvinte. Consiste em uma pessoa transmitindo a mensagem e a outra ouvindo, compreendendo e interpretando com atenção as informações fornecidas. Implica em empatia e interação entre as partes.

[17] Inteligência emocional é a capacidade de se automotivar e seguir em frente, mesmo diante de frustrações e desilusões. Contempla a capacidade de controlar impulsos, canalizar emoções para situações adequadas, praticar a gratidão e motivar as pessoas, além de outras qualidades que possam ajudar a encorajar outros indivíduos.

ras, não merece ser feito, mesmo que seja algo que todas as empresas estejam fazendo.

- **Entenda completamente a empresa**: Seu propósito, seus clientes e mercados, seus produtos e seu engajamento social. Entenda a sua cultura e o seu *modus operandi*. Lembre-se de que uma organização é feita de pessoas e, portanto, de humores, medos, vontades e necessidades.

- **Conheça profundamente os processos da empresa:** Estude todos os seus processos e setores. Passe um tempo em cada setor e entenda a dinâmica do trabalho. Assim, em breve, você poderá propor ideias inovadoras para melhorar os custos e, até mesmo, as receitas da organização;

- **Seja proativo**. Use a tecnologia, que conhece, para ajudar a empresa a ganhar mercados, clientes e a criar novos produtos/serviços. Não espere que a área de marketing ou de produto lhe procure. Seja audacioso e leve suas ideias para eles.

- **Seja um exemplo** para sua equipe. Assuma a transformação digital como um projeto pessoal e incorpore as mudanças de comportamento e cultura que a empresa precisa para ser transformada.

- **Se conecte diretamente com sua equipe**, se for preciso reduza os níveis hierárquicos que separam o líder das suas equipes. Entenda as forças motivadoras de cada colaborador e ajude no seu desenvolvimento profissional e pessoal. Reconheça e comemore o crescimento e o sucesso de cada um, mesmo que seja uma pequena vitória. Desenvolva a empatia sincera com eles, os resultados serão sentidos aos poucos e de forma consistente.

Capítulo 5

Gestão transformadora em governo

Os governos, principalmente os brasileiros, podem ser muito mais eficientes, se adotarem as mesmas ideias que discutimos para as empresas enfrentarem o século XXI. As oportunidades que surgem na prestação de serviços públicos são:

- Melhoria na experiência do cidadão (jornada do cliente) no acesso aos serviços públicos;
- Digitização dos serviços e eliminação dos documentos impressos;
- Redução dos custos com a máquina pública, através da otimização de processos e redução de atividades de controle exageradas;
- Maior controle dos gastos públicos e redução de perdas com fraudes e sonegação, através de sistemas de controle e auditoria automática das atividades realizadas.

Ao experimentar a digitização dos serviços oferecidos pelas organizações privadas, a sociedade passa a exigir as mesmas facilidades, e agilidade, para os serviços públicos. Os gestores, mais atentos às demandas sociais, implementarão serviços digitais e reduzirão o peso da máquina pública para toda a sociedade.

Dado o *modus operandi* dos governantes e gestores públicos, a digitização só ocorre quando há um empenho pessoal do alto mandatário (que dará o respaldo político necessário ao projeto), e o apoio de parte da sua equipe (que dará o suporte técnico e legal, imprescindíveis). Nossos governantes, na sua maioria, estão ainda com os conceitos de poder de meados do século passado, quando o tamanho da equipe, ou do orçamento, definia a importância e o prestígio do executivo. Hoje, isso mudou. O valor de um gestor é medido pela facilidade que ele oferece ao cidadão, e não pelo tamanho da sua equipe, ou do seu orçamento.

A modernização do serviço público precisa de uma abordagem mais complexa para romper as resistências, que são muito intensas no governo. Uma abordagem interessante é atrelar a digitização do governo com as prioridades estratégicas, colocadas no Plano Plurianual do mandatário correspondente. Estabelecer como metas prioritárias a redução do tempo de respostas na oferta dos serviços públicos e a redução da burocracia levará, inexoravelmente, à digitização dos processos envolvidos.

Outra abordagem necessária, mas igualmente complicada, é cooptar todos os órgãos públicos, envolvidos nos processos, para atuarem de forma conjunta. Por exemplo, para conseguir abrir uma empresa, são necessários documento e aprovação de diversos órgãos, e não raramente o cidadão tem que apresentar os mesmos documentos em todos eles. Estudando a jornada do cidadão, pode-se propor que o interessado entre com todos os documentos (digitalizados) num site específico, e as aprovações dos diversos órgãos sejam lançadas nesse mesmo site. Para o interessado, é como se ele estivesse interagindo com uma única repartição, quando, na verdade, são várias agências e entidades atuando simultaneamente.

No século XXI, o que baliza a avaliação do governante e dos serviços públicos, na visão dos cidadãos, será:

- **Agilidade** para resolver seus problemas no tempo correto;
- **Mobilidade**, ou seja, oferecer os serviços públicos de qualquer lugar a qualquer hora;
- **Simplicidade**, decorrente da redução da burocracia desnecessária ao serviço prestado;
- **Acompanhamento** para saber o que está acontecendo com seu pedido de serviço;
- **Transparência** para acompanhar as ações de governo e como os recursos estão sendo usados.

As ações públicas podem ser agregadas em quatro grandes áreas:

- Prestação de serviços à população com qualidade, agilidade e simplicidade;
- Otimização, simplificação e melhorias nos processos de prestação de serviços públicos;

- Tomada de decisão baseada em dados concretos e atualizados;
- Acesso amplo às Informações de interesse público.

Para todas essas áreas, podemos aplicar os mesmos conceitos e ferramentas que discutimos para as empresas que desejam ser vitoriosas no século XXI. Vamos a elas.

Prestação de serviços

A atividade regulatória, às vezes exagerada, dos governos obriga os cidadãos a buscarem serviços prestados pelos órgãos públicos das diversas esferas. Declarações, autorizações, guias para pagamento de taxas, licenciamentos, registros diversos etc. são atividades que martirizam os contribuintes e são exigidas pelos governos.

A digitização dos serviços, permitindo acesso a eles através de smartphones e computadores, já simplifica a vida do cidadão. A integração, via plataforma computacional única, de serviços executados por diferentes agências e repartições públicas permite ao cidadão uma experiência mais satisfatória do uso dos recursos públicos, escondendo dele a complexidade da hierarquia governamental e a miríade de órgãos envolvidos.

O sucesso dessa abordagem está diretamente relacionado com o entendimento da jornada do cidadão no acesso aos diversos serviços. Quanto mais entendemos as necessidades do usuário, melhor pode ser o serviço prestado a ele. Notem que a integração dos diversos serviços em uma plataforma única não envolve grandes investimentos em tecnologia, mas um redesenho do processo com base na expectativa do cidadão.

Otimização de processos

Os processos públicos brasileiros rivalizam-se com os descritos nas obras de Kafka: são verdadeiros absurdos, para dizer o mínimo. Até o rastreamento de um processo, dentro de uma repartição, é complicada. Alguns órgãos chegam a ter dois sistemas de protocolo, que não conversam entre si!

Otimizar os processos administrativos deve ser meta prioritária de todo governante nas três esferas de governo. A adoção da metodologia Lean[18] em órgãos públicos já trouxe resultados significativos para os órgãos que a adotaram.

O governante deve começar essa otimização pelos processos mais complexos e que envolvem vários setores diferentes. Os resultados conseguidos serão tão impactantes que os demais processos encontrarão menos resistência.[19] [20]

Tomada de decisões

Os sistemas de informação existentes nos governos e a futura instalação de sensores e câmeras nas cidades, nos projetos de Cidades Inteligentes, vão gerar uma enorme quantidade de dados para serem usados na tomada de decisões e na elaboração de políticas públicas. É inconcebível que, com os dados e as tecnologias disponíveis, os governantes continuem a tomar decisões por intuição, ou baseadas em opiniões de terceiros, ou por interesses políticos diferentes dos interesses dos cidadãos.

O setor público tem muito a ganhar com as ferramentas de análise massiva de dados (Big Data, Analytics etc.) nas áreas de segurança pública, saúde, educação, mobilidade e outras. A instalação de sensores e a integração das bases de dados já existentes permitem análises avançadas que possibilitarão a tomada de decisão em tempo real e a elaboração de políticas públicas mais assertivas.

Acesso às informações

Transparência e acesso à informação são sinônimos do ponto de vista do cidadão. Saber onde está um processo de seu interesse, ou obter informações sobre normas e legislação rapidamente, é o mínimo que o governo deve providenciar ao

---

[18] Drotz, E., Lean in the public sector: possibilities and limitations, tese de doutorado, Linköping University - Studies in Science and Technology, Suécia, 2014

[19] FLORIZONE, D., Implementing lean management principles across government – A case study - The Canadian province of Saskatchewan, em https://planet-lean.com/saskatchewan-lean-government/ acessado em setembro de 2018

[20] BENNETT, D., Melbourne – pushing the boundaries of lean government, em https://planet-lean.com/melbourne-lean-government-cities/ acessado em setembro de 2018

cidadão. A integração das bases de dados dos diversos departamentos e agências públicas oferece um grande conjunto de oportunidades de fornecimento de informações à população, que ajudará no controle e na fiscalização das atividades governamentais.

Conclusão

O Século XXI traz novos desafios e muitas incertezas para as organizações, sejam elas do domínio público ou privado. Os gestores precisam repensar suas organizações e os estilos de gestão. Ainda existirão organizações tradicionais para as quais as mudanças serão pequenas. São as empresas que estão em mercados monopolizados ou que, por serem muito grandes, terão dificuldades para se modernizar. Essas empresas poderão enfrentar os novos desafios através de parcerias com empresas emergentes (startups) ou com a criação de spinoff das suas unidades de negócios.

As organizações mais ativas, e aquelas cujos seus produtos/serviços são de base tecnológica, terão que se adaptar aos desafios do século. Para essas organizações, as mudanças serão inevitáveis, se é que já não foram implementadas. A Figura 16 sintetiza as análises e sugestões que detalhamos nesta obra.

Como pano de fundo dessas mudanças, temos o elevado grau de globalização do mercado e dos processos de produção e a mudança de comportamento dos clientes e da sociedade como um todo. As mudanças no clima, com seus impactos nos negócios, acelerarão as mudanças nas empresas e governos.

Como já declarou Darwin[21], na luta pela sobrevivência, o vitorioso não é o mais forte, mas, sim, o que melhor se adaptar às mudanças do ambiente.

Feliz Século XXI.

[21] Da obra "On the Origin of Species", de Charles Darwin, publicado em 1859

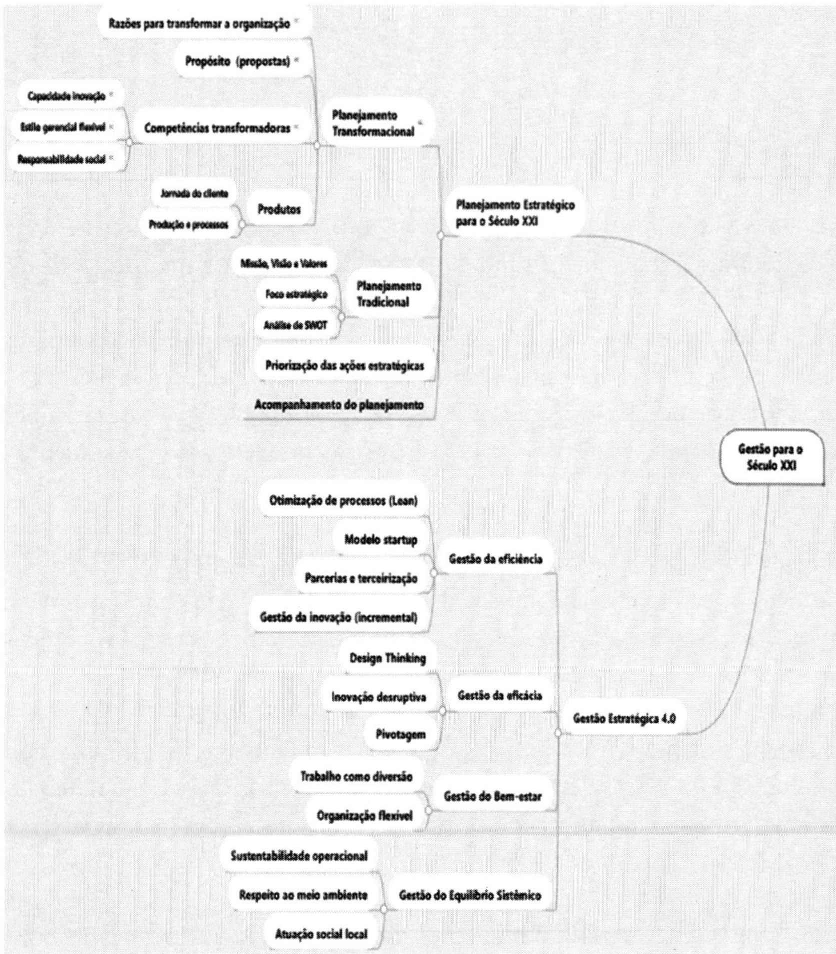

Figura 16: Mapa mental das propostas do livro

Referências bibliográficas

ATLURI, V., DIETZ, M., HENKE, N., Competing in a world of sectors without borders, McKinsey Quarterly, julho 2017 acessado via www.mckinsy.com em julho de 2018

BARBIERI, J.C., ÁVARES, A.C.T, CAJAZEIRAS, J.E.R., Gestão de ideias para a inovação contínua, Ed. Artmed, São Paulo, 2009

BARBOSA JUNIOR, A.R., GONÇALVES, C.A., Fatores determinantes da inovação disruptiva, Rev. Ciênc. Admin., Fortaleza, v. 24, n. 1, p. 1-13, jan./abr. 2018

BAYMARD INSTITUTE, Pesquisa de hábitos do comprador, em https://baymard.com/lists/cart-abandonment-rate, acessado em 21 de julho de 2018

BENNETT, D., Melbourne – pushing the boundaries of lean government, em https://planet-lean.com/melbourne-lean-government-cities/ acessado em setembro de 2018

BEZOS, J., Carta aos acionistas da Amazon de 12 de abril de 2016, em https://blog.aboutamazon.com/company-news/2016-letter-to-shareholders acessado em junho de 2018

BLANL, S., Why you can´t just tell a company "be more like startup", in HTTPS://HBR.ORG/2017/06/WHY-YOU-CANT-JUST-TELL-A-COMPANY-BE-MORE-LIKE-A-STAR HUMPHREY, A., SWOT Analysis for Management Consulting. SRI Alumni Newsletter. SRI International, dezembro de 2005.

BOLLARD, A., LARREA, E., SILGA, A., SOOD, R., The next-generation operating model for the digital world, McKinsey Digital, abril 2017 acessado via www.mckinsy.com em julho de 2018

BOM SUCESSO, E. P., Relações interpessoais e qualidade de vida no trabalho. Rio de Janeiro, Quality Mark, 2002

CAMPOS, V.F., Gerenciamento pelas diretrizes, 5ª. edição, 2013, Ed. Falconi, São Paulo

CHOHAN, U.W., The decentralized autonomous organization and governance issues (December 4, 2017). Disponível em https://ssrn.com/abstract=3082055 acessado em 21/8/2018

DROTZ, E., Lean in the public sector: possibilities and limitations, tese de doutorado, Linköping University - Studies in Science and Technology, Suécia, 2014

EARTO, The TRL Scale as a research & innovation policy tool, EARTO Recommendations, 2014, acessado via www.nasa.com em setembro de 2018

FERNANDES, J.M., Gestão da tecnologia como parte da estratégia competitiva das empresas na era cibernética, 2ª edição, Ed. Prismas, Curitiba, 2014

FLORIZONE, D., Implementing lean management principles across government – A case study - The Canadian province of Saskatchewan, em https://planet-lean.com/saskatchewan-lean-government/ acessado em setembro de 2018

FOINA, P.R., Tecnologia da Informação: planejamento e gestão, 3ª edição, Ed. Atlas, São Paulo, 2013

GHEMAWAT, P., Remapping your strategic mind-set, McKinsey Quarterly, Agosto 2011 acessado por www.mckinsey.com em novembro de 2018

GRAY, A., The 10 skills you need to thrive in the Fourth Industrial Revolution, in Word Economic Forum, The Future of Jobs Employment, Skills and Workforce Strategy for the Fourth Industrial Revolution, WEF Report, 2016 em https://www.weforum.org/agenda/2016/01/the-10-skills-you-need-to-thrive-in-the-fourth-industrial-revolution/ acessado em 03 de julho de 2018

GREENBERG, E., HIRT,M., SMIT,S., The global forces inspiring a new narrative of progress, McKinsey Quartly, abril de 2017 acessado por www.mckinsey.com em novembro de 2018.

HAMEL, G.; Prahalad, C. K. Competing for the future. Harvard: Harvard Business School Press, 1994.

HUMPHREY, A. SWOT analysis for management consulting. SRI Alumni Newsletter, SRI International, 1978 <http://www.sri.com/about/alumni> acessado em março de 2018.

KHANNA, R., GULER, I., NERKAR, A., Fail often, fail big, and fail fast? learning from small failures and R&D performance in the pharmaceutical industry. Academy of Management Journal. Vol. 59, pag. 436–459, 2015, em https://doi.org/10.5465/amj.2013.1109, acessado em 25 de agostod e 2018

LA PORTA, R.; SHLEIFER, A.; LOPES-DE-SILANES, F.; VISHNY, R. Investor protection and corporate governance. In Journal of Financial Economics, v.58, p.3-27, out. 2000.

LARKIN. M. & O'HALLORAN, D., Collaboration between start-ups and corporates: a practical guide for mutual understanding, World Economic Forum, 2018

MAASIK, A., Step by Step Guide to OKRs, Kindle Edition, Amazon, 2017

MCKINSEY, How to create a agile organization, McKinsey&Company report 2018

MOHR, J., SENGUPTA, S., SLATER, S., LUCHT, R., Marketing para mercados de alta tecnologia e de inovações, Ed. Pearson, São Paulo, 2011

NEOATLAS, E-commerce radar 2017 – consolidado, em http://materiais.neoatlas.com.br/ecommerce-radar-consolidado2017, acessado em 10 de março de 2018

OLIVEIRA, D. P. R. Planejamento estratégico – conceitos, metodologias e práticas. São Paulo: Editora Atlas, 2004

OSTERWALDER, A., PIGNEUR, Y., Business model generation: introdução em modelos de negócios, Ed. Alta Books, Rio de Janeiro, 2011

PATON, E., Fashion's future printed to order, New York Times, December 5, 2016, www.nytimes.com acessado em outubro de 2018

PORTER, M., Competitive Strategy: techinics for analising industries and competitors, Freemam Press, junho de 1998 TUP, acessado em 1 de agosto de 2018

PRAHALAD, C. K. The fortune at the bottom of the pyramid: eradicating poverty through profits. New Jersey: Pearson Education, Inc, 2005

RASKIND, M., WALLER, G., Digital to the core: remastering leadrship fou your industry, your enterpise and yourself, Ed. Bibliomotion Inc, New York, 2015

ROTHER, M., SHOOK, J., Learning to See, Lean Enterprise Institute, junho de 1999

TAPSCOTT, D., Growing up digital, Ed. MacGrawHill, Ney York, 1998

TREACY, M.; Wiersema, F. The discipline of market leaders: choose your customers - narrow your focus, dominate your market. Boston: Addson-Wesley, 1995.

WOMACK, J. T; JONES, D. T., ROOS, D., The machine that changed the world: The Story of Lean Production, Ed. Free Press, New York, 2007

Impressão e acabamento
Gráfica da Editora Ciência Moderna Ltda.
Tel: (21) 2201-6662